これで通じる！

最速最短で
ネイティブ
発音に
なれる本

晴山陽一

KODANSHA

はじめに　一瞬で夢をかなえる！

１分でネイティブ発音に！

日本人の英語に対するあこがれは、次の３つに絞ることができると思います。

①ネイティブっぽい発音
②字幕なしで映画を見たい！
③ペラペラ英会話

この本は、①の「ネイティブっぽい発音」を手に入れたいという、多くの日本人の長年の夢を、一瞬でかなえることを第一の目的としています。

通常、これはほとんど不可能なゴールであり、その域に達するには膨大な時間がかかると考えられています（中級者でも、ネイティブが聞き取りやすいと喜ぶ発音をできる人はめったにいません！）。

しかし、たいした苦労もせず、できれば１分程度で「ネイティブっぽい発音」を手に入れられないか、という虫のいい読者の欲求を満たすのが、本書の狙いです。

はたしてそんなことは可能なのでしょうか？？？

では、実際に１分でネイティブっぽい発音を手に入れることができるか、論より証拠、さっそく実演してみることにしましょう。

次の英文を、活字の通りに音読してみてください。

....

Life is short / and time is swift.

（人生は短く、時は速やかに過ぎる）

太字で大きく印刷したところを、強く、ゆっくり、少し高めに発音してみてください。そこに、日本語的な棒読みとはまったく異なる **「英語のリズム」** が現れると思います。

もう１文やりましょう。

2

There is a time to speak / and a time to be silent.
（話すべき時があり、黙すべき時がある）

　太字で大きく印刷したところを強く、長く、深く発音し、それ以外の細字の部分を弱く、短く、あいまいに発音すると、ネイティブっぽいメリハリのある英語になります。

　よろしかったら何度も発音してみてください。できれば、目をつぶって何度も何度も試してみてください。自分の出す音に耳を傾けてください。

　このリズム感は、もしかしたら初めての感覚かもしれません。そして、長い間求め続けていた「ネイティブ発音独特のリズム」の片鱗を感じ取れたのではないでしょうか？

　多くの日本人学習者にとって、ネイティブ発音は永遠のあこがれの的です。しかし、ネイティブ発音は、はるか遠くにあるのではなく、実はこんなに近くで私たちをずっと待っていたのです。

かなり変わった本です！

　世の中の多くの発音の本は、「英語の発音の最大の特徴は何か？」という根本的な問題は後回しにして（というかまったく触れないで）、母音と子音の話、すなわち「英語の母音と日本語の母音はひとつとして同じではありません！」とか「子音もまったく違います！」みたいな話から、いきなり始まっているような気がします。何十何百とある細かいルールや注意点を並べる本もあります。つまり、総論なしで、各論のオンパレードです。

　私が読者なら、「ちょっと待ってください、それでは全体像が見えません！」と言いたくなります。

　なので、「母音と子音の発音」の話は、この本では、かなりあとの方になって、ようやく出てきます。「じゃあ、そこまで何をするの？」というのが、自然な疑問だと思います。ですので、まずは目次をとくとご覧ください。

　第1章のところに「英語発音の大原理」と、かなり大げさなタイトルが付けられています。著者としても、ここまで大見え切ってだいじょうぶかな、と思わないでもありません。でも、もう決めたことですし、講談社も「これでよし！」と

言って企画を通してくれました。

　要するに何を言いたいかというと、この本は原理原則からスタートし、「読者の気持ちのウォーミングアップが十分できたところで、細かい話に進めますよ！」と言いたいのです。

　そういえば、いま思い出したのですが、むかし、外資系の会社に勤めるビジネスマンが、こんな報告をしてくれたことがあります。

　私の書いた本を読んで翌日会社に行くと、ネイティブの社員からこう言われたというのです。

　「あなたの英語、たった一晩で、一体どうしちゃったの？？？」

　これは本当にそう言われたらしく（もちろん英語でですが）、わざわざツイッターで教えてくれました。

　今度はあなたの番です！
　あなたの夢をかなえるために、私もがんばります。
　あなたに未来永劫、「英語の発音は苦手です！」と言わせないために。
　そして、あなたの英語を聞くネイティブに、「こいつの英語聞くの、ストレスだなあ！」なんて、二度と思わせないために。

あなたの
番です！

目 次

序章 たった1分で発音は変わる！

第1章 英語発音の大原理

第2章 5文型は発音の話だった！

第9章　名句を「メリハリ発音」で！

第10章　エッセイを「メリハリ発音」で！

本書の使い方

　全編を通して、本書では独特の方法で英語を表記しています。基本的に次の決まりごとを頭に入れて、音読するようにしてください。

・太字で大きく印刷した部分：強く、長く、深く発音する
・それ以外の細字の部分：弱く、短く、あいまいに発音する

> **Li**fe is **shor**t / and **ti**me is **swi**ft.
> （人生は短く、時は速やかに過ぎる）

　お手本となる音声は、次のQRコードからダウンロードしてください。例文ごとにトラック番号を振ってあります。

　音声をよく聞き、英語のリズムを体感しましょう。この時、テキストもよく見て、強弱の付け方を視覚で確認するのもお忘れなく。
　十分に聞きこんだら、いよいよ音読の練習です。音声をマネるように音読してみてください。お手本の音声に近づくまで、何度でもトライしましょう！

発音の大原理を学ぶとともに、本書では数多くの実地練習を用意しました。見開きで構成されたページは、集中的に音読練習する部分です。

左ページに音読練習する例文をまとめ、右ページにその説明があります。

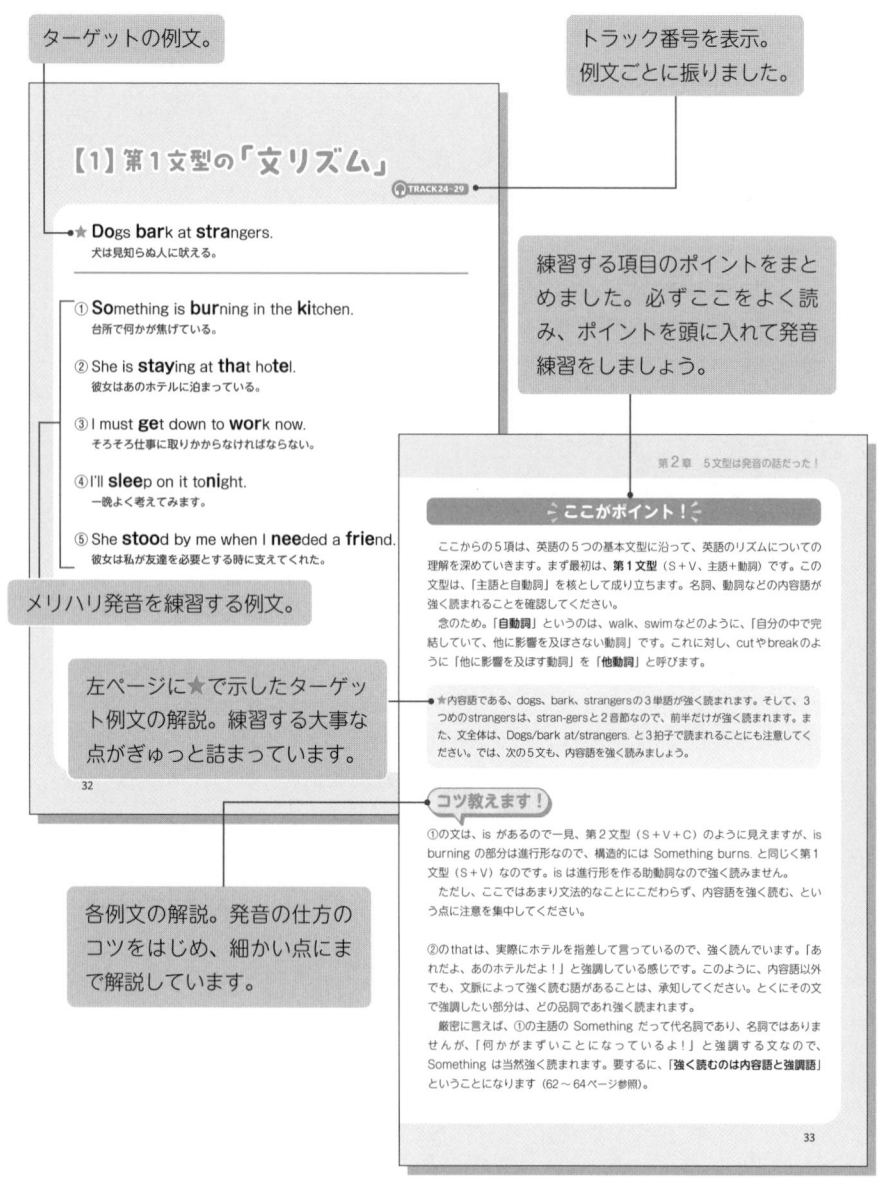

ターゲットの例文。

トラック番号を表示。例文ごとに振りました。

練習する項目のポイントをまとめました。必ずここをよく読み、ポイントを頭に入れて発音練習をしましょう。

メリハリ発音を練習する例文。

左ページに★で示したターゲット例文の解説。練習する大事な点がぎゅっと詰まっています。

各例文の解説。発音の仕方のコツをはじめ、細かい点にまで解説しています。

後半からは母音と子音の発音練習が待っています。基本的な構成は前半と同じですが、新たな要素も加わります。

第7章と8章には発音記号が入っています。発音練習する際のひとつの参考にしてください。

まずはこの例文をよく聞き、それから発音練習をしましょう。

色付きの部分がターゲットとなる箇所。メリハリ発音の表記に加え、母音・子音で練習する部分は色で示しました。メリハリと母音・子音の両方に気をつけながら練習してください。

よく似た音どうしを聞き比べ、発音練習する部分。音をよく聞いて、再現できるようにがんばりましょう。

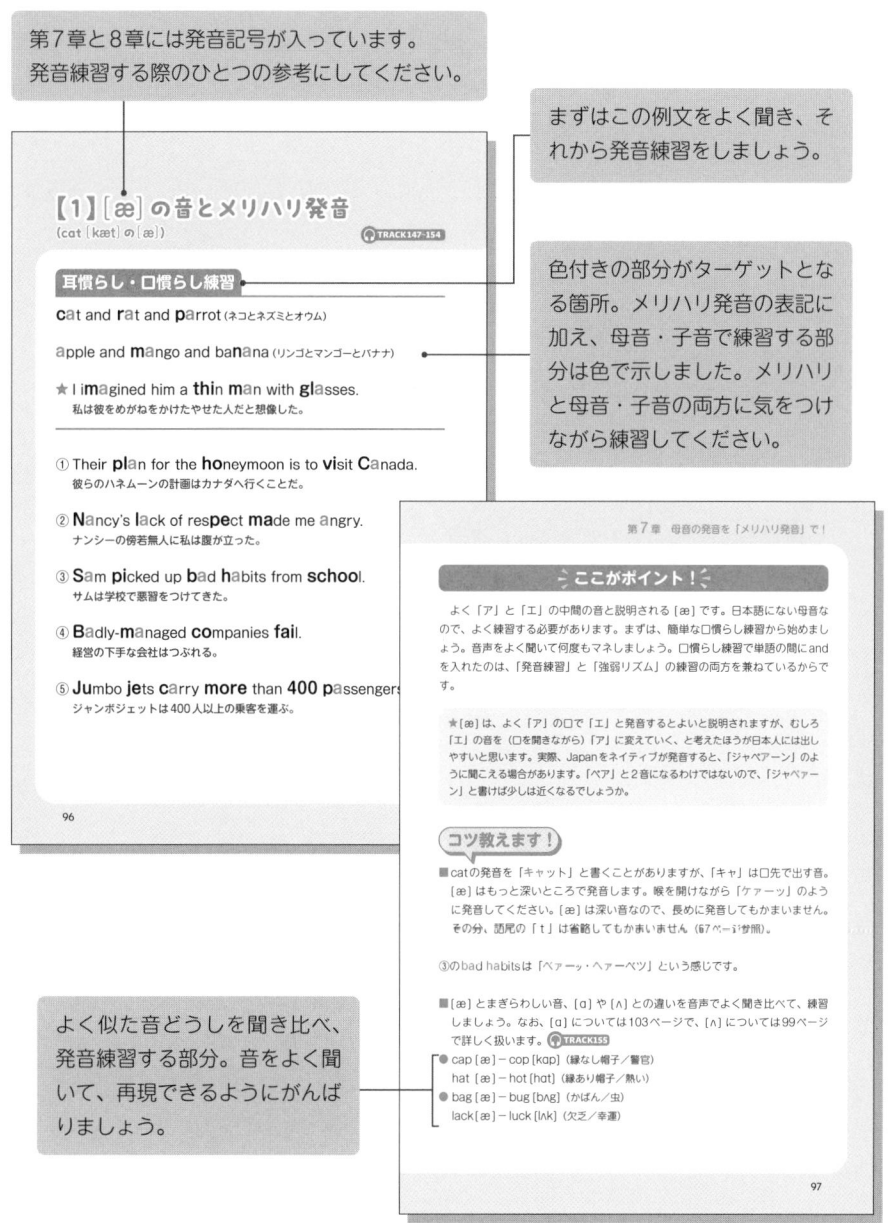

【1】[æ] の音とメリハリ発音
(cat [kæt] の [æ]) 🔊 TRACK147-154

耳慣らし・口慣らし練習

cat and rat and parrot (ネコとネズミとオウム)

apple and mango and banana (リンゴとマンゴーとバナナ)

★ I imagined him a thin man with glasses.
　私は彼をめがねをかけたやせた人だと想像した。

① Their plan for the honeymoon is to visit Canada.
　彼らのハネムーンの計画はカナダへ行くことだ。

② Nancy's lack of respect made me angry.
　ナンシーの傍若無人に私は腹が立った。

③ Sam picked up bad habits from school.
　サムは学校で悪習をつけてきた。

④ Badly-managed companies fail.
　経営の下手な会社はつぶれる。

⑤ Jumbo jets carry more than 400 passengers
　ジャンボジェットは400人以上の乗客を運ぶ。

96

第7章 母音の発音を「メリハリ発音」で！

ここがポイント！

よく「ア」と「エ」の中間の音と説明される [æ] です。日本語にない母音なので、よく練習する必要があります。まずは、簡単な口慣らし練習から始めましょう。音声をよく聞いて何度もマネしましょう。口慣らし練習で単語の間にand を入れたのは、「発音練習」と「強弱リズム」の練習の両方を兼ねているからです。

★ [æ] は、よく「ア」の口で「エ」と発音するとよいと説明されますが、むしろ「エ」の音を（口を開きながら）「ア」に変えていく、と考えたほうが日本人には出しやすいと思います。実際、Japanをネイティブが発音すると、「ジャペアーン」のように聞こえる場合があります。「ペア」と2音になるわけではないので、「ジャペァーン」と書けば少しは近くなるでしょうか。

コツ教えます！

■ catの発音を「キャット」と書くことがありますが、「キャ」は口先で出す音。[æ] はもっと深いところで発音します。喉を開けながら「ケァーッ」のように発音してください。[æ] は深い音なので、長めに発音してもかまいません。その分、語尾の「t」は省略してもかまいません（67ページ 1 参照）。

③のbad habitsは「ベァーッ・ヘァーベッ」という感じです。

■ [æ] とまぎらわしい音、[ɑ] や [ʌ] との違いを音声でよく聞き比べて、練習しましょう。なお、[ɑ] については103ページで、[ʌ] については99ページで詳しく扱います。🔊 TRACK155

- cap [æ] – cop [kɑp] (縁なし帽子／警官)
  hat [æ] – hot [hɑt] (縁あり帽子／熱い)
- bag [æ] – bug [bʌg] (かばん／虫)
  lack [æ] – luck [lʌk] (欠乏／幸運)

97

序章

たった1分で発音は変わる!

　「はじめに」では、2つの短い英文で「メリハリ発音」を体験していただきました。この最初の章では、改めて単語レベルで「メリハリ入門」していただきます。

　すなわち、"Sunday Monday Tuesday"から始めて、6つのグループに分けて、「メリハリ体験」をしていただきます。

　メリハリというのは、「**強く、ゆっくり**」発音する部分と「**弱く、早く**」発音する部分が交互に現れることによって自然にできるリズムのこと。

　これが、日本語にはない英語発音の最大特徴といえます。

　これに比べると、母音や子音の発音の違いなど、ずっと小さなことなのです。

これはもう大事件！

「たった1分で発音は変わる！」というのがこの章のタイトルですが、（自分で書いておいてなんですが）どうやらウソではないようです。

この原稿を半ば書き終わった時に、編集者のUさんから次のような報告がありました。メールの文章をそのまま引用させていただきます。

「何も英語の知識がない印刷所の営業さんに、Life is short and time is swift. の例文をメリハリで読んでもらったら、英語上級者のように聞こえてびっくりしました。やっぱり画期的です！」

Uさんは、英米で育った完璧なバイリンガルです。その彼女が「英語上級者のように聞こえてびっくり」したというのです。

こうも書いておられました。「いきなりネイティブ発音ができるなんて、これは本当に大事件ですね！」

まずは「口慣らし練習」から

この章でやることは、いたってシンプルです。

英語では、たとえ「単語レベル」でも強弱リズムがあることを確かめます。

さっそく始めましょう。この本は、読者参加型です。私が下手な理屈をこねているヒマがあったら、読者に少しでも多く「メリハリ体験」をしていただきたいのです。

これから、4個ずつ6組の音声を聞いていただき、口まねしていただきます。最初は単語を3つ並べて発音するところから。

耳慣らし・口慣らし練習　第1グループ 🎧TRACK1

① **Su**nday **Mo**nday **Tue**sday
日曜　月曜　火曜

② **E**nglish **Bri**tish **Sco**ttish
イギリスの　ブリティッシュの　スコティッシュの

③ thir**tee**n　four**tee**n　fif**tee**n
13　14　15

④ Oc**to**ber　No**ve**mber　De**ce**mber
10月　11月　12月

　①と②は語頭にアクセント（強勢）があります。③は語の後半に、④は語の中央にアクセントがあります。リズムの変化を意識しながら、何度も発音してみてください。
　文ではありませんが、強弱のリズムを感じながら言ってみましょう。

耳慣らし・口慣らし練習　第２グループ TRACK2

① a **cat**　a **dog**　a **bir**d
猫　犬　鳥

② a **hat**　a **cap**　a **be**lt
縁あり帽子　縁なし帽子　ベルト

③ a **dre**ss　a **scar**f　a **skir**t
ドレス　スカーフ　スカート

④ an **a**pple　an **o**range　an **e**gg
リンゴ　オレンジ　卵

　ご覧の通り、第２グループの12の言葉は、すべて「冠詞＋名詞」です。
　④だけは、名詞が母音で始まるため、冠詞がanになっています。その結果、「アナポー」「アノーリンジ」「アネッグ」のような発音になっています。
　カタカナにはとらわれず、何度も音読して、お手本の音声に近づけてください。

① my **pe**ncil my **no**tebook my **di**ctionary
私の鉛筆　私のノート　私の辞書

② your **no**se your **eye**s your **ear**s
あなたの鼻　あなたの目　あなたの耳

③ his **bro**ther his **si**ster his **pa**rents
彼の兄／弟　彼の姉／妹　彼の両親

④ her **u**ncle her **au**nt her **chi**ldren
彼女の叔父／伯父　彼女の叔母／伯母　彼女の子どもたち

　この第3グループでは、名詞の前が「私の、あなたの」などの代名詞になっています。

　いちばん言いにくいのは③でしょうか。「ヒズ」のあとに「ブラザー」が続くので、「ズブ」の切り替えが大変ですね。

　次の第4グループ以降は、すべて語と語の間にandが入ります。

　第4グループは、第1グループの各語の間にandが加わっています。それでも、第1グループの時のリズムは温存されます。メリハリ表記で示された太字部分を強く、ゆっくり発音することによって、「ダイナミックなリズム」が生まれます。活字だけからも、メリハリのうねりが見て取れると思います。それが、この本の画期的なところなのです。決して急いで発音する必要はありません。「うまい発音」より、「リズムに乗ること」を優先させてください。

① **Su**nday and **Mo**nday and **Tue**sday
日曜と月曜と火曜

② English and **Bri**tish and **Sco**ttish
イングリッシュとブリティッシュとスコティッシュ

③ thir**tee**n and four**tee**n and fif**tee**n
13と14と15

④ Oc**to**ber and No**ve**mber and De**ce**mber
10月と11月と12月

　いかがでしたか？　単語の数は増えていますが、強弱リズムを音にすることができましたか？
　andの語尾の「d」は消えていて聞こえないと思います。
　また、③は「n＋and」のところで、2語がくっついて「ナン」みたいな発音になっています。ここらへん、聞き取れましたか？
　次は、第2グループの語間にandを挿入していきますよ。

耳慣らし・口慣らし練習　第5グループ 🎧TRACK5

① a **cat** and a **dog** and a **bir**d
猫と犬と鳥

② a **ha**t and a **cap** and a **bel**t
帽子と帽子とベルト

③ a **dre**ss and a **scar**f and a **skir**t
ドレスとスカーフとスカート

④ an **a**pple and an **o**range and an **e**gg
リンゴとオレンジと卵

　あちこちで、単語と単語がくっついて、聞きなれない音になっていると思います。ここいらは、第4章のテーマになるので、今はくだくだ説明しません。

この段階は、ひたすら音声を聞いて、少しでもお手本に近い音が出るよう繰り返し練習してください。

次は、いよいよ最後の第6グループですよ。早い早い。

耳慣らし・口慣らし練習　第6グループ　🎧TRACK6

① my **pe**ncil and my **no**tebook and my **di**ctionary
  私の鉛筆とノートと辞書

② your **no**se and your **eye**s and your **ear**s
  あなたの鼻と目と耳

③ his **bro**ther and his **si**ster and his **pa**rents
  彼の兄／弟と姉／妹と両親

④ her **u**ncle and her **au**nt and her **chi**ldren
  彼女の叔父／伯父と叔母／伯母と子どもたち

どうでしたか？

これまで、多くの英文を音読してこられた方でも、この6グループ（24フレーズ）をお手本通りに発音するのは、意外と難しかったのではないでしょうか？

できれば、第3章を読んだあと（つまり、音の変化の説明を受けたあと）またこの24フレーズを再練習してみてください。

理屈がわかると、また違った印象を持たれると思います。でも、その時は、あなたの発音技術が驚くほど向上していることも実感されると思います。

この章の音読が、すべてのスタートラインです。できれば、何度も繰り返して**「英語のリズム感」**を体に染み込ませてください。あなたの英語は、すでに大きな変化を遂げつつあります。

第1章

英語発音の大原理

　通常の発音の本ですと、ここらから具体的な母音や子音の練習に入るところですが、この本は「大原理」から始めます。

　大原理などというと、難しい理論を展開すると思われるかもしれませんが、ご安心を。私としては、7歳の子どもでも理解できる話をしたいと思います。

　つまり、「英語特有の強弱リズムは、なぜできたのか?」という問いに答えたいのです。1分で発音が劇的に変わることができたのは、いったいどうしてなのでしょう?

　偉大な原理は、子どもでも理解できるほどシンプルなものなのです。

何よりまずは実体験！

　「大原理」を説明する前に、これまでと同様、まずは実地体験からスタートしましょう。

　メリハリ表記にしたがって、次の6つの英文を順に音読していきましょう。

- -

① A typhoon will come. 🎧TRACK7

台風が来る。

➡ 名詞のtyphoonと動詞のcomeを強く読んでいます。冠詞のaと助動詞のwillは弱く読んでいます。短い英文ですが、**「英語のリズム」** を味わうには十分です。活字を見るだけで、英語のうねりを感じられますよね？
では②に進みましょう。bigという1語だけ加わっています。その分、うねりの数が増えます。

- -

② A big typhoon will come. 🎧TRACK8

大きな台風が来る。

➡ 形容詞のbigも強く読んでいますね。
次の③では、文末にsoonが加わります。

- -

③ A big typhoon will come soon. 🎧TRACK9

もうすぐ大きな台風が来る。

➡ 副詞のsoon（動詞comeを修飾）も強く読んでいます。
次の④ではveryが加わります。

- -

④ A very big typhoon will come soon. 🎧TRACK10

もうすぐとても大きな台風が来る。

➡ 副詞のvery（形容詞bigを修飾）も強く読んでいます。
次の⑤では、さらにto Okinawaの2語が加わりますよ。

- -

⑤ A very big typhoon will come to Okinawa soon.
🎧TRACK11

もうすぐとても大きな台風が沖縄に来る。

➡ 名詞Okinawaも強く読んでいます。前置詞toは弱く読んでいます。
最後の⑥では、Okinawaのあとに and Kyushu の2語が加わります。

. . . .

⑥ A **very big** ty**phoo**n will **co**me to Oki**na**wa and **Kyu**shu **soo**n. 🎧**TRACK12**

もうすぐとても大きな台風が沖縄と九州に来る。

➡ 名詞Kyushuも強く読んでいます。接続詞andは弱く読んでいます。ここまで来ると、英語のうねりが、ずいぶんたくさんになりましたね。もうあなたは、長い英文を「メリハリ発音」(ネイティブが喜ぶ聞きやすい発音) で話せる人になっています。
あっという間に、これまでのあなたとは、もう別人です！

英単語には2種類ある！

さあ、この6つの英文の音読からわかったことをまとめてみましょう。

1. **名詞**は強く読む。(①から)
2. **動詞**は強く読む。(①から)
3. **形容詞**は強く読む。(②から)
4. **副詞**は強く読む。(③と④から)
5. **冠詞**と**助動詞**は弱く読む。(①から)
6. **前置詞**は弱く読む。(⑤から)
7. **接続詞**は弱く読む。(⑥から)

さらにまとめます。
1.《名詞、動詞、形容詞、副詞》は強く読む。
2.《冠詞、助動詞、前置詞、接続詞》は弱く読む。

知識を深めます。
1. **名詞、動詞、形容詞、副詞の4つを「内容語」と言います。**
2. **冠詞、助動詞、前置詞、接続詞などを「機能語」と言います。**

さらに知識を深めます。

1. 「内容語」は無数にある単語グループです。たとえば名詞は50万個、動詞は10万個くらいあると言われます。形容詞や副詞も多数存在します。

2. 「機能語」は数に限りがあるグループです。冠詞はたった3個、助動詞は15個と、数が限られます。前置詞、接続詞も、両方合わせても130ほどしかありません。

見えてきたぞ、大原理！

ここまでの話から、次のような結論が見えてきます。

1. 「内容語」は無数にあるので、たった1回で間違いなく相手に伝わるためには、強く発音する必要があります。

2. 「機能語」は数に限りがあるので、そこまで強く言わなくても、相手に伝わります。

では、今度は、お約束通り、子どもにもわかるように説明してみます。

たとえば、日本語でも、「おばさんが来た」と「おばあさんが来た」は、とても紛らわしいですよね。だから名詞ははっきり発音しないと思わぬ誤解のもとになります。

一方、「床の上に寝た」という文の場合、「床の下に寝た」と言うはずはないので、「上に」を強調する必要はありませんよね。だから、こういう言葉は無理にはっきり発音しなくても大きな誤解のもとにはなりません。

多少大雑把な説明ですが、無限にある名詞はしっかり発音しないと、相手にきちんと伝わらない恐れがある、ということは子どもでも簡単に理解できると思います。

機能語にはどんなものがあるか？

内容語は、「名詞、動詞、形容詞、副詞」の4種類だけ。

では、機能語は何種類でしょう？

実は、機能語は厳密に定義できないので、答えはブレますが、すでに出てきた冠詞、助動詞、前置詞、接続詞以外に、代名詞も仲間に入ります。

　また、これはちょっと理解しにくいかもしれませんが、動詞の中でもbe動詞は、意味が非常に希薄なため、強く読む必要はありません。おまけにbe動詞は進行形の文や受け身の文では助動詞としてふるまいます。なので、be動詞も機能語の仲間であり、強く読む必要はないと考えるのが自然です。

　早い話、すでに何度もお見せした、Life is short and time is swift.の文でも、isは弱く読みましたよね。

　では、ここまでのところを簡潔にまとめてみましょう。

1. 内容語（名詞、動詞、形容詞、副詞）は強く読む。
2. 機能語（冠詞、助動詞、前置詞、接続詞、代名詞、be動詞）は弱く読む。

　その理由は、無数にあるものは強く読まないと誤解を招きやすく、数が限られているものはそこまで強く読む必要はない、ということでした。

　そこから、次の「英語発音の大原理」が導き出されます。

　つまり……

　英語は、内容語を強く読み、機能語を弱く読むことから、文全体に「強弱のリズム」が生まれる。

　いかがでしょう？

　これで、この章の説明は終わりです。

　どうしても漢字が多くなりましたが、言いたいことはシンプルなので、ご理解いただけたと思います。

　この章を閉じる前に、新たに6つの英文を用いて、先ほどの「大原理」の復習をしておきましょう。6つの英文の音読から始めて、「英語発音の大原理」まで、すんなり理解していただけたでしょうか？

　「習うより慣れろ」とは言いますが、私は「頭で理解する」こともとても大事なファクターだと考えています。「慣れる前に習え」も真理だと思うのです。いいかげんな知識で練習し、おかしなクセがついてしまうと、あとで直すのが大変です。

　頭で理解したことは容易には忘れません。

ダメ押しの6文

　では、この章の仕上げとして、私が大好きなことわざを6つ音読することで、締めくくることにしましょう。

・・・

① Still waters run deep. 🎧TRACK13

音を立てぬ川の水は深い。

➡ 形容詞still、名詞waters、動詞run、副詞deepは強く読む。奇しくもこのことわざには「内容語」がすべてそろっています。動詞のrunは、ここでは「走る」ではなく「流れる」という意味です。
　このことわざの真意は、「わーわー騒がない人のほうが考えが深いものだ！」ということです。うなずける言葉ですよね。二重の意味で、真に音読に値する稀有なことわざです。

・・・

② Everyone thinks his sack the heaviest. 🎧TRACK14

誰もが自分の荷物はいちばん重いと思っている。

➡ EveryoneのEvery（形容詞）の部分、動詞thinks、名詞sack、形容詞heaviestは強く読み、代名詞hisは弱く読んでいます。内容語と機能語の発音の違いを実感してください。

・・・

③ The first step is always the hardest. 🎧TRACK15

最初の一歩がいつもいちばん難しい。

➡ 形容詞first、名詞step、副詞always、形容詞hardestは強く読み、冠詞the、be動詞isは弱く読んでいます。

・・・

④ Money is often lost for want of money. 🎧TRACK16

お金を求めてお金を失うことが多い。

➡ 名詞money、副詞often、動詞lost、名詞wantとmoneyは強く読み、be動詞is、前置詞forとofは弱く読んでいます。

・・・

⑤ A bad workman always blames his tools. 🎧TRACK17

腕の悪い職人は、いつも道具のせいにする。

➡ 形容詞bad、名詞workman、副詞always、動詞blames、名詞toolsは強
　く読み、冠詞a、代名詞hisは弱く読んでいます。

....

⑥ Not to **know** is **ba**d, but **not** to **wi**sh to **know** is
　worse. 🎧 **TRACK18**

知らないのは悪い。だが、知ろうとしないのはもっと悪い。

➡ 副詞not、動詞knowとwish、形容詞badとworseは強く読み、前置詞to、
　be動詞is、接続詞butは弱く読んでいます。

　この文では、not to knowとnot to wish to knowが対比されています。し
　たがって、wishという動詞がこの文でいちばん強く読まれます。すなわち、
　「知ろうともしない」ことで、悪さが増すと言いたいわけですね。

　いかがでしたか？

　６つのとっておきのことわざの音読を通して、「**内容語は強く読み、機能語は
弱くなる**」という現象、そして「**英文は強弱リズムでできている！**」という絶対
的な事実に納得がいきましたか？

　これが英語発音の大原理であり、同時に、英語という言語の最大特徴でもある
のです。「最初の一歩がいちばん難しい」ということわざが出てきましたが、別
に難しくなかったでしょ？

　すでにあなたは、「**英語という言語の正体**」を知ってしまいました。

　アメリカの鉄道の駅で、日本人のサラリーマンが切符を買おうとした。

　To New York.と言うと、切符が2枚出てきた。

　あわてて、For New York.と言い直すと、4枚出てきた。

　すっかりあわてたサラリーマンが「えーと」とつぶやくと、今度は8枚出てきた。

5文型は発音の話だった！

本書は発音の本ですが、実は発音と文法は非常に密接な関係があります。このことを第2章で扱います。

これまで、「文法は本を読んで文字から学び、発音は耳で聞いて口でまねる」ものと考えていたかもしれませんが、それは違います。

そもそも「文をどのように読むか」は、文法の知識と表裏一体なのです。なので、文法に親しむと、その分発音がうまくなります。なぜなら、発音は「意味」を伝えるための道具であり、意味は文法に支えられているからです。

この章では、文法の基礎である5つの文型を「メリハリ発音」で味わい直しましょう。文法と発音をがっちり結びつけます。

5文型って何だっけ？

　この章は、「**5文型は発音の話だった！**」と題してお伝えしていきます。

　でも、「5文型って何だっけ？」という読者もおられることでしょう。ひょっとすると、「5文型なんて聞いたことない！」という読者もおられるかもしれませんね。

　うーん、どうしよう。

　ここは、これまでのこの本のやり方を踏襲して、まずは音読練習から始めちゃいましょう。

　とはいえ、その前に、これだけは言っておかなくてはならない、ということを前触れしておきます。

　そもそも日本語には「文型」なんて考え方はありません。ところが、英語には「文型」という考え方があるだけでなく、「すべての英文は、たった5つの文型に分類される！」という、ほとんど神がかった考え方があるんです。

　なんで「ほとんど神がかった」と書いたかと言いますと、「すべて」と書いてしまうと、いろいろ例外が出てきたりして、ほころびが見えてしまうからです。

　でも、こうは言えます。というか、断言できます！

　それは、「英語は "5文型" という発想が出てくるほどに、一定の型にはめることが可能だ！」ということです。これに文句を言う人はいないでしょう。

　その「型」とは、「すべての英文は、原則としてSVで始まる！」ということです。「SV」とは「主語＋動詞」ということですね。これに比べると、日本語は自由自在、無邪気奔放と言えます。

　「バス、乗り遅れちゃった！」とか「わーん、リサに振られちゃった！」とか、「SV」どころか「主語なし」でもOK、目的語から始めてもOKというのが日本語です。それに比べると、英語は「いつでもきっちり主語から始める！」ということで、ある意味メチャクチャ行儀のいい言語なんです。

　これだけ前置きをしたところで、いつも通りの「メリハリ発音」道場の開講です。

次の5文を音読しよう！

　では、始めますね。勘のいい読者はお気づきでしょうが、「次の5文」とは、もちろん5文型の代表です。

① Words fly, writings remain. 🎧 TRACK19

　言葉は飛び去り、書いたものは残る。（ことわざ）

② Dolphins are clever animals. 🎧 TRACK20

　イルカは賢い動物だ。

③ Rain freshens the air. 🎧 TRACK21

　雨が空気をリフレッシュさせる。

④ She drew him a map of her home. 🎧 TRACK22

　彼女は自宅の地図を彼に描いてあげた。

⑤ My mother calls me a chatterbox. 🎧 TRACK23

　母は私のことを「おしゃべり」と呼ぶ。

思い出してみよう！

　さて、ここで改めて、第1章に書いた私の考えの筋道を辿り直して（思い出して）みましょう。

　1. 内容語を強く読むことで、英語独特のリズムが生まれる。（23ページ）
　2. 内容語とは、名詞、動詞、形容詞、副詞の4種類。（21ページ）

ここに、本章では、次の知識が加わります。

　3. 5文型というのは、実は「内容語の配列パターン」のことである。
　4. ただし、内容語の1つである副詞は文型には関わらない。

5. したがって、**5文型に関わるのは、名詞、動詞、形容詞の3つだけ。**

4の「副詞は文型には関わらない」というのは、こういうことです。

②のDolphins are clever animals.に副詞が加わって、Dolphins are very clever animals.となっても、文の構造には影響がない。

また、⑤のMy mother calls me a chatterbox.に副詞が加わって、My mother always calls me a chatterbox.と言っても、文の構造には無関係だ、というわけです。

5文型は「内容語の配列パターン」

では次に、先ほど音読した5つの文を、改めて「内容語の配列パターン」として見直してみましょう。

①Words fly, writings remain.
　➡「名詞＋動詞」パターン×2（第1文型 S＋V）
②Dolphins are clever animals.
　➡「名詞＋動詞＋名詞」パターン（第2文型 S＋V＋C）
③Rain freshens the air.
　➡「名詞＋動詞＋名詞」パターン（第3文型 S＋V＋O）
【注意】②にはDolphins＝clever animalsの関係が成り立つが、③には成り立たない（Rain=airではない）。**そこが違う！**
④She drew him a map of her home.
　➡「名詞＋動詞＋名詞＋名詞」パターン（第4文型 S＋V＋O＋O）
⑤My mother calls me a chatterbox.
　➡「名詞＋動詞＋名詞＋名詞」パターン（第5文型 S＋V＋O＋C）
【注意】⑤には、me＝a chatterboxの関係が成り立つが、④には成り立たない（map=homeではない）。**そこが違う！**

ここまで見て、疑問を持った読者がおられると思います。ここには形容詞が1つも出てきていないと。

形容詞が文型に関わるのは②と⑤の場合です。簡単な例文をお見せしましょう。

② 'Dolphins are clever.（第２文型）

　これだけで、「名詞＋動詞＋*形容詞*」になりました。

⑤ 'My mother made me sad.（第５文型）

　これだけで「名詞＋動詞＋名詞＋*形容詞*」になりました。なお、me は代名詞ですが、文型的には名詞に準じます。

大事な大事なメッセージ！

　この本は発音本ですから、文法的な説明は、ここまでとさせていただきます。

　何度も言いますが、私がお伝えしたいのは、

① **文法と発音は密接不可分！**

② **５文型は「内容語の配列パターン」！**

の２つです。

　言い方を変えると、内容語を強く発音する「メリハリ発音」は、それだけで「文型情報」を聞き手に与えている。つまり、文の構造を浮き彫りにするのが「メリハリ発音」ということになります。

　日本人の「のっぺり発音」をネイティブ・スピーカーが嫌うのは、音が聞き取りにくいからでも、意味が取りにくいからでもなく、端的に言えば**「文構造が見えないから」**なんです。それで聞いていてイライラするんです。

　５文型について、もっと詳しく知りたいという方は、いま準備中の英文法の本をお楽しみにお待ちください。なお、名詞、動詞、形容詞というのは、言うまでもなく「品詞」の名前。これに対し、５文型を構成する主語、目的語、補語は「文を成り立たせている要素」です。品詞名である動詞が、文型の話でも使われるのは、本来はおきて破りなんです。「述語動詞」と言えば、少しマシになります。まあ、どうでもいいことですが。

　では、あらためて、第１文型から順に「メリハリ音読」していきましょう。

【1】第1文型の「文リズム」

★ **Do**gs **bar**k at **stra**ngers.
犬は見知らぬ人に吠える。

① **So**mething is **bur**ning in the **ki**tchen.
台所で何かが焦げている。

② She is **stay**ing at **tha**t hote**l**.
彼女はあのホテルに泊まっている。

③ I must **ge**t down to **wor**k now.
そろそろ仕事に取りかからなければならない。

④ I'll **slee**p on it to**ni**ght.
一晩よく考えてみます。

⑤ She **stoo**d by me when I **nee**ded a **frie**nd.
彼女は私が友達を必要とする時に支えてくれた。

ここがポイント！

　ここからの5項は、英語の5つの基本文型に沿って、英語のリズムについての理解を深めていきます。まず最初は、**第1文型**（S＋V、主語＋動詞）です。この文型は、「主語と自動詞」を核として成り立ちます。名詞、動詞などの内容語が強く読まれることを確認してください。

　念のため。「**自動詞**」というのは、walk、swimなどのように、「自分の中で完結していて、他に影響を及ぼさない動詞」です。これに対し、cutやbreakのように「他に影響を及ぼす動詞」を「**他動詞**」と呼びます。

★内容語である、dogs、bark、strangersの3単語が強く読まれます。そして、3つめのstrangersは、stran-gersと2音節なので、前半だけが強く読まれます。また、文全体は、Dogs/bark at/strangers. と3拍子で読まれることにも注意してください。では、次の5文も、内容語を強く読みましょう。

コツ教えます！

①の文は、is があるので一見、第2文型（S＋V＋C）のように見えますが、is burning の部分は進行形なので、構造的には Something burns. と同じく第1文型（S＋V）なのです。is は進行形を作る助動詞なので強く読みません。

　ただし、ここではあまり文法的なことにこだわらず、内容語を強く読む、という点に注意を集中してください。

②のthatは、実際にホテルを指差して言っているので、強く読んでいます。「あれだよ、あのホテルだよ！」と強調している感じです。このように、内容語以外でも、文脈によって強く読む語があることは、承知してください。とくにその文で強調したい部分は、どの品詞であれ強く読まれます。

　厳密に言えば、①の主語の Something だって代名詞であり、名詞ではありませんが、「何かがまずいことになっているよ！」と強調する文なので、Something は当然強く読まれます。要するに、「**強く読むのは内容語と強調語**」ということになります（62～64ページ参照）。

【2】第2文型の「文リズム」

★ His **drea**m is to **wor**k for an **air**line.
彼の夢は航空会社で働くことだ。

---

① **Wa**lking on the **gra**ss is **brea**king the **ru**les.
芝生の上を歩くのは規則違反だ。

② His **wea**k **poi**nt is that he **ca**nnot **o**perate com**pu**ters.
彼の弱点はコンピューターが使えないことだ。

③ They **loo**k surp**ri**sed at the **co**st.
彼らは値段を聞いてびっくりしている様子だ。

④ She ap**pear**ed ex**ci**ted by the **o**ffer.
彼女はその申し出に興奮しているようだった。

⑤ He **fe**lt in**su**lted by her **wor**ds.
彼は彼女の言葉に侮辱された気がした。

ここがポイント！

　第1文型（S＋V）の次は、**第2文型**（S＋V＋C、主語＋動詞＋補語）です。典型的な文は、Mary is American. のような場合ですね。この場合、isは動詞ですが、SとCを結びつけるイコール記号の働きしかしていないので、内容語というにはチカラが足りません。そこで、このようなbe動詞は目立たないように発音するのが通例です。つまり限りなく機能語に近いのです。その証拠に、進行形や受け身の文では、助動詞（機能語）として働きます。

　★3つの内容語、dream（名詞）、work（動詞）、airline（名詞）が強く読まれていることを音声で確認してください。日本人は、不定詞のto（to workのtoの部分）を強く発音してしまうクセがありますが、toはしょせん前置詞に過ぎません。それよりも、dream、work、airline の3単語を強く読めば、それだけで文意が明確に伝わります。強く読むということは、意味的に重要だということなのです。

コツ教えます！

①の文のリズムのよさを十分に味わって、音読してください。この文では、主語（S）のWalkingと補語（C）のbreakingがともに〈-ing形〉なので、ますます口調がよくなっています。内容はともあれ、口調だけは詩のようにリズミカルです。

②の文のcannotは助動詞ですが、強い否定を表すので強調されます。このように、一般的に否定語は強く読まれます。operateという動詞は、文頭の o にアクセントがあるので、注意して聞いてください。日本語の「オペレート」とはまったく響きが違います。

■この6つの文の音読を通じて、内容語以外の、前置詞や代名詞や冠詞が弱く読まれていることが理解できたでしょうか。弱く読む語があることで、自然に英文に強弱のリズムが生まれるのです。もちろん、名詞や動詞などのアクセントのない音節も、「文の谷の部分」を作ることに貢献（？）しています。

【3】第3文型の「文リズム」

★ My **so**ftware **nee**ds up**gra**ding.
　私のソフトウェアはアップグレードの必要がある。

① They **ow**n a **lar**ge **hou**se near the **bea**ch.
　彼らは海辺の近くに大きな家を持っている。

② They in**vi**ted the **pri**me **mi**nister to the **co**nference.
　彼らは首相をその会議に招いた。

③ I **hear** that he **cra**shed his **car**.
　彼は車をぶつけたそうだ。

④ He pre**te**nded to be a **ri**ch **ma**n.
　彼は金持ちのふりをした。

⑤ I **do**n't **know whe**n to **te**ll my **bo**ss about the **e**rror.
　私はいつ上司にそのミスについて話したらいいかわからない。

⟩ここがポイント！⟨

　第２文型（S＋V＋C）の次は**第３文型**（S＋V＋O、主語＋動詞＋目的語）です。典型的な文は、Mary loves Tom. のような場合ですね。Mary（名詞）もloves（動詞）もTom（名詞）も内容語なので、強く読みます。内容語を強く読むことを、次の例文で確認してください。

★名詞のsoftware、動詞のneeds、名詞のupgradingが内容語なので強く読まれます。upgradeという言葉は、名詞ではupのところにアクセントがありますが、動詞では、gradeのところにアクセントが移ります。upgradingは、その動詞に-ingが付いた形（動名詞）なので、upgradingと真ん中を強く読みます。

コツ教えます！

第３文型は、他動詞が目的語を１つとるパターンですが、目的語は名詞とは限りません。①から②までは、目的語は名詞です（a large house、the prime minister）。③は目的語がthat節です（that he crashed his car）。that節の中でも、内容語のcrashedとcarを強く読みます。

④は目的語がto不定詞です（to be a rich man）。この場合も、rich man という内容語を強く読みます。言うまでもありませんが、内容語が意味の中核になっているからです。

⑤は目的語が、when to tell my boss about the errorと長くなっていますが、要するに〈when to ～〉の形です。⑤は否定文なので、否定を表すdon'tを強く読み、長い目的語を引っ張っているwhenという疑問詞も強く読みます。

【4】第4文型の「文リズム」

★ I will **gi**ve her a **ca**ll later.
あとで彼女に電話しよう。

---

① She **coo**ked them a de**li**cious **mea**l.
彼女は彼らにおいしい食事を用意した。

② He **show**ed them that **sci**ence was **fu**n.
彼は彼らに科学の面白さを教えた。

③ He **show**ed her **how** to **se**nd an **air**mail.
彼は彼女にエアメールの送り方をやって見せた。

④ He **to**ld me that I **wor**ked **too har**d.
彼は私に働きすぎだと言った。

⑤ My **wi**fe re**mi**nded me that to**mo**rrow is our **we**dding anni**ver**sary.
妻は私に明日が結婚記念日であることを思い出させた。

ここがポイント！

　第3文型（S＋V＋O）の次は**第4文型**（S＋V＋O＋O、主語＋動詞＋目的語2つ）です。典型的な文は、Tom gave Mary a book. のような場合ですね。Tom（名詞）もgave（動詞）もMary（名詞）もbook（名詞）も内容語なので、強く読みます。内容語を強く読むことを、次の例文で確認してください。

★この文では、「誰に」にあたるherが名詞ではなく代名詞なので、強くは読みません。herを使うということは、この文を聞いている相手には「彼女」が誰のことかわかっているはずです。したがって、このような代名詞は通常は（特に強調されていない場合は）強く読みません。次の文でも確かめてください。
　なお、文末のlaterは副詞ですが、文の終わりなので強くは読みません。このような、文全体の音調の上げ下げをイントネーション（抑揚）と言います。

コツ教えます！

①〜⑤まで「誰に」にあたる言葉はすべて代名詞になっています。したがって、強くは読みません。

主語にも注目してください。①〜④までの主語は、すべて代名詞（SheかHe）です。これらも、聞く人には誰のことかわかっているので、強く読みません。英語は代名詞を非常によく使う言語ですが、代名詞を弱く読むことで、名詞や動詞などの内容語が浮き立つ仕組みになっています。つまり、代名詞は英語の「強弱リズム」を作る縁の下の力持ちの役割をしているのです。目立たないようで、しっかり仕事している！

⑤の文の主語は、My wife ですが、代名詞のMyは弱く読み、内容語のwifeのほうは強く読みます。たった2語の主語の中にも強弱のリズムが生まれています。英語はとことん強弱リズムで意味を表す言語なのです。

【5】第5文型の「文リズム」

★ She **ha**d her **pur**se **sto**len.
彼女は財布を盗まれた。

---

① **Dri**ving at **ni**ght **ma**kes me **tire**d.
夜のドライブは疲れる。

② The **hea**vy **mea**l at **lu**nchtime **ma**de him **slee**py.
たっぷりの昼食が彼を眠くさせた。

③ I **saw** him at**ta**cked on the **stree**t.
私は彼が道で襲われるのを見た。

④ I **saw** a **boy steal** a **ca**ndy from the **store**.
私は男の子が店からキャンディを盗むのを見た。

⑤ I ex**pe**ct you to comp**le**te this **work** on **ti**me.
君がこの仕事を時間通り仕上げることを期待しているよ。

ここがポイント！

　第4文型（S＋V＋O＋O）の次は**第5文型**（S＋V＋O＋C、主語＋動詞＋目的語＋補語）です。典型的な文は、Tom heard Mary sing. のような場合ですね。Tom（名詞）も heard（動詞）も Mary（名詞）も sing（動詞）も内容語なので、強く読みます。ただし、前項で学んだように、代名詞は強くは読みません。それも含めて、内容語を強く読むことを、次の例文で確認してください。

> ★haveはいろいろな用法を持つ言葉です。完了形を作るときのhaveは助動詞なので、強くは発音しません。しかし、このように第5文型で使われるときのhaveは強く発音します。この文では、過去形のhadを強く読みましょう。ただのhadじゃない、ということを相手に伝えるのです。

コツ教えます！

　①～⑤を通じて、代名詞を弱く読み、「強弱リズム」の谷の部分を作っていることを確認しましょう。①のme、②のhim、③のIとhim、④のI、⑤のIとyouが代名詞です。

　また、前置詞も弱く読むことを確認してください。①と②のat、③のon、④のfrom、⑤のtoとonが前置詞です。前置詞もまた「強弱リズム」の谷の部分を作る仕事で「大活躍！」しています。地味な役割ではありますが。

■内容語が2音節以上の場合は、アクセントのない音節は当然弱く発音します。これらも、「強弱リズム」の谷の部分を作る重要メンバーです。たとえば、Drivingのingの部分、lunchtimeのtimeの部分がそうです。谷があるから山ができるのです。

ちょっと英語でひと笑い！②

　ホストマザーから、Can you get a head of cabbage?と頼まれた日本人の女子学生。

　アメリカのキャベツには頭がついているのだと早合点して、店の人にこう尋ねた。

　Where is the cabbage's head?

　でも、a head of cabbageは単に「キャベツを1個」のことだった。

　アメリカではキャベツを馬みたいに「1頭、2頭」と数えるんだよ！

第3章

大事な単語を
浮き立たせる方法

よく「こうすればネイティブ発音になれる！」みたいな本に、アメリカ人はやたらと単語をつなげて発音するという話がでてきます。中には、それをカタカナで表して、Get out of here.（出ていけ）は「ゲラウラヴヒア」と発音すると通じるなどと書いてある本もあります。

では、アメリカ人はなぜこのように発音するのでしょう？

ここには「あっと驚くような発音のコツ」が隠れています。具体的にどんなコツが隠れているのでしょう？

また、このような発音の変化はなぜ起きるのでしょう？

この章では、そんなお話をしたいと思います。

わかってみれば簡単なこと！

　さて、えてして英語の専門家は、話を細分化する名人です。ネイティブ発音の特徴として、①弱くなる音、②つながる音、③音の変化（ウォーターではなくワラとか）、④消える音、⑤飲み込む音などのメニューを列挙し、学習者に退屈な発音練習を課したりします。

　でも、語学の勉強って、ノルマになると、とたんにやる気が失せてしまうんですよね。「とにかく1000時間がんばりなさい！」などというのも同じです。なぜ500時間や700時間ではいけないのか？　きちんと説明もせず、いきなりの1000時間です。

　本書の読者には、すでに「**たった1分でも奇跡を起こせる！**」ことを体験していただきました。

　この章のテーマは「音の変化」ですが、「このように変化するから覚えなさい！」という強制より、「それらの変化はどうして起きるのか？」という原理の理解のほうが大事なのにな、と私なら思います。

　では、先ほど列挙した、①弱くなる音、②つながる音、③音の変化、④消える音、⑤飲み込む音などの「音の変化」はなぜ起きるのでしょう。

　答えはカンタン、「**大事な単語を浮き立たせるため**」です。

　言い方を変えると、「**英語特有の強弱リズムを守るため**」とも言えます。

　第1章で学んだ知識を応用すれば、ズバリ、「**内容語を浮き立たせるために、機能語はなるべくあいまいに発音する。その過程で起きるのがもろもろの発音の変化なのだ！**」ということなんです。話は至って明快です。

ネイティブの落とし穴

　私がよく読む英語本の著者に、イエール大学のウィリアム・A・ヴァンスさんという人がいます。素晴らしい本をたくさん出されていますが、主著ともいえる『ドクター・ヴァンスの英語で考えるスピーキング』（ダイヤモンド社）の中で、こう書かれています。

　「（日本人にとって）リンキングの正しい理解と使用は、スピーキングとリスニング両方の向上に不可欠である」と。

　ここでいうリンキングとは、先ほどの「②**つながる音**」のことです。ただし、ヴァンス教授は「なぜリンキングがそんなに大事なのか？」「なぜ英語ではリンキングが頻繁に起きるのか？」という問いには答えていません。

　これは、どうしてかと言うと、ネイティブ・スピーカーにとって、「音がつながること」は当たり前すぎて、それが「なぜ起きるのか？」など改めて考える必要がないからです。

　これが、日本人がネイティブに習う時の「落とし穴」になります。

　ネイティブ・スピーカーにとって「当たり前のこと」が、われわれ日本人にとっては当たり前ではないのです。われわれノン・ネイティブにとっては、書かれている綴りの通りでないと、話す時も困るし、聞く時にも難儀するのです（私は学生時代、ドイツ語、フランス語、ギリシャ語を学びましたが、綴りの通りに発音すればいいので、その点は天国にいるようでした！）。

　では、なんでそんなはた迷惑な発音変化をするのかと言えば、それは先ほど書いたように①「**大事な単語を浮き立たせるため**」、②「**英語特有の強弱リズムを守るため**」なんです。

　つまり、「音の変化」は、「**内容語を浮き立たせ、文を1回で理解させるための方略**」なのです。英語話者にとって、「強弱リズム」は英語の命（根幹部分）なのです。

　これまで学習者は、練習の本当の意味を理解することなく、ただ盲目的に練習ノルマを課されるのが常でした。「ネイティブ発音ができるようになりましょう！」という（軽薄な）掛け声とともに。

まずは実地練習から！

　理屈はこれくらいにして、さっそく「音の変化」の実際に触れることにしましょう。

　次の6文を、お手本をよく聞いて口まねしてください。これらはすべて、序章と第1章で出てきた英文です。

① Everyone thinks his sack heaviest. 🎧TRACK54
　誰もが自分の荷物はいちばん重いと思っている。

➡ thinks hisのところに注目してください。無理にカタカナで書くと「スィン

45

クス・ヒズ」ではなく「スィンクスィズ」のように聞こえると思います。つまり「ヒズ」が「イズ」のように弱まって、前のthinksとくっついてしまうのです。これが「弱くなる音」です。

---

② thir**tee**n and four**tee**n and fif**tee**n 🎧 TRACK55

13と14と15

➡ 2回出てくる…teen andのところですが「ティーン・アンド」ではなく「ティーナン」のように聞こえると思います。つまり、nとandがくっついてnandのように発音されています。これが「つながる音」です。

---

③ an **a**pple and an **o**range and an **e**gg 🎧 TRACK56

リンゴとオレンジと卵

➡ 2回出てくるand an oとand an eのところで「つながる音」がもっと大胆に行われています。つまり、「アンド・アン・オ」ではなく「アンナノ」「アンド・アン・エ」ではなく「アンナネ」のように聞こえると思います。つまり、3単語に連続して「つながる」現象が起きているということです。②の「つながる音」の拡大版です。

---

④ **Sti**ll **wa**ters **r**un **dee**p. 🎧 TRACK57

音を立てぬ川の水は深い。

➡ これは、「形容詞＋名詞＋動詞＋副詞」からなる、内容語勢ぞろいの例文でしたね。よく聞くと、watersが「ワーラーズ」あるいは「ワラズ」のように聞こえると思います。これが「音の変化（ウォーターではなくワラとか）」です。実は③の「アンナノ」「アンナネ」の中にも「音の変化」が含まれていました。

---

⑤ **N**ot to **kn**ow is **b**ad, but **n**ot to **w**ish to **kn**ow is **wo**rse. 🎧 TRACK58

知らないのは悪い。だが、知ろうとしないのはもっと悪い。

➡ 2回繰り返すnot toのところですが、「ナット・トゥ」ではなく「ナットゥ」のように聞こえると思います。つまり、notのtが消えています。これが「消える音」です。

⑥ my pencil and my notebook and my dictionary
私の鉛筆とノートと辞書

TRACK 59

➡ notebookの発音をよく聞いてください。「ノウッブク」みたいに聞こえ、t
が飲み込まれたように消えていると思います。これが「飲み込む音」です。

　さあ、これで、①弱くなる音、②つながる音、③音の変化、④消える音、⑤飲
み込む音をすべて実地体験していただきました。

　では、次ページから、改めて①から⑤まで順番に６つずつ例文を音読しなが
ら、じっくり体験していくことにしましょう。

　大事なことなので、もう１度言います。それは、「**内容語を浮き立たせるため
に、機能語はなるべくあいまいに発音する。その過程で起きるのがもろもろの発
音の変化なのだ**」ということなのです。

【1】弱くなる音

★ My **bro**ther is **do**ing **we**ll in his **bu**siness.
兄は商売がうまくいっている。

---

① I re**mi**nded him to **vi**sit his **mo**ther.
私は彼に母親を訪ねるように注意した。

② He **lo**ves to **play ba**seball on the **wee**kend.
彼は週末に野球をするのが大好きだ。

③ I **hear**d that she **bro**ke her **le**g in the **a**ccident.
彼女はその事故で足を骨折したそうだ。

④ I **hear**d her **scream** in her **slee**p.
私は彼女が眠りながら大声を上げるのを聞いた。

⑤ She **to**ld her **hu**sband to **spe**nd **more ti**me with his **chi**ldren.
彼女は夫に子どもたちと一緒にいる時間をもっと増やすように言った。

ここがポイント！

　ここまで、内容語を強く読み、代名詞や前置詞などを弱く読むことによって、英語には自然に「強弱のリズム」が生まれるという話をしてきました。この「強弱リズム」の間隔をなるべく一定に保つために、弱く読む部分を早口に発音しなくてはならない場合が多々あります。そのために「発音の省力化」という現象が起こるのです。

★in hisの発音に注目してください。「インヒズ」ではなく、「イニズ」のようにくっつけて発音されていることに気づくと思います。これは、wellとbusinessという2つの「山」の間の「谷」の部分をなるべく短くして、英文のリズムを一定に保つための工夫なのです。次の5文で、代名詞や冠詞の発音が変化している様子を観察し、練習してください。

コツ教えます！

①reminded himは「リマインディド・ヒム」ではなく、「リマインディディム」と発音します。himの [h] の音が弱められて（消えて）、前のremindedとくっついています。visit hisも「ヴィズィト・ヒズ」ではなく「ヴィズィティズ」とひと息に発音します。このように、英文のリズムを保つために音の一部を弱め、省力化する現象を「弱化」と呼びます。

②on theは「オナ」のようにくっつき、③の文のin theも「イニ」のようにくっつけて弱く発音します。こうすると、「強・弱・強」のリズムが保たれるからです。theの発音が完全になまってしまっています。

④in herは「イナ」、⑤の文のwith hisは「ウィズィズ」のようにひと息で発音します。要するに、弱く発音するところに複数の単語がある場合、それを一息に（一拍で）読んでリズムを一定に保つ。そのために「弱化」という現象が起こるのです。

【2】つながる音 （①一般的なリンキング）

🎧 TRACK 66~71

★ I ca**n't thi**nk **wha**t to **bri**ng as a **gi**ft.
何を贈り物に持っていったらいいか思い浮かばない。

---

① We **fou**nd him an im**po**ster.
われわれには彼がペテン師であることがわかった。

② She **a**sked me **whe**n I was **ta**king my va**ca**tion.
彼女は私に、いつ休暇をとるつもりなのか尋ねた。

③ Will you re**mi**nd me **how** to **sta**rt **u**p the **so**ftware?
どうやってこのソフトを起動するのか、改めて教えてもらえませんか。

④ She **drew** him a **ma**p of her **tow**n.
彼女は彼に自分の町の地図を書いてあげた。

⑤ The **te**lephone **sta**rts **ri**nging at e**xa**ctly **ni**ne o'clock every **mor**ning.
毎朝きっかり9時に電話が鳴り出す。

ここがポイント！

　前項で練習した「弱化」は、複数の単語をひと息に読むための工夫でした。そのために「音を弱めて（省いて）つなげる」ということをしていたわけですが、音を省かずに2単語を連続して発音するとき、しばしばリンキングという現象が起こります（44ページ参照）。

★as aのところは、「アズ・ア」ではなくひと息に「アザ」と読みます。これによって、「ブリング・アザ・ギフト」という「強・弱・強」の一定リズムが保証されるのです。次の5文もリンキングを含みます。リンキングは2つの単語をひと息に読むために音をつなげる現象のことです。

コツ教えます！

①のan imposterは「アン・インパスタ」ではなく「アニンパスタ」とひとつながりで読みます。ちなみに、found himのところでは、前項で練習した**弱化**が起きています。「ファウンド・ヒム」ではなく「ファウンディム」と読んでください。

②は、when I wasのところを、「ウェン・アイ・ワズ」ではなく「ウェナイワズ」と読みます（whenとIの間にリンキングが起こる）。

③は、start upを「スタート・アップ」ではなく「スタータップ」のようにつなげて発音します。

④は、him aを「ヒム・ア」ではなく「ヒマ」とつなげます。

⑤は、nine o'clockを「ナイノクラック」とつなげます。
ここは何度も音読練習をして、リズミカルに英文が言えるようにしてください。
リンキングは、多くの英文で起こりますので、本書の例文のあちこちで「あ、ここもつなげたな！」と気づくはずです。とくにアメリカ人の発音は、リンキングだらけと言っていいでしょう。

【3】つながる音 (②リズムを守るためのリンキング)

★ They pre**sen**ted her with an a**war**d.
彼らは彼女に賞を授与した。

---

① I **do**n't want to **dri**nk on an **e**mpty **sto**mach.
すきっ腹でお酒を飲むのは御免だ。

② The po**li**ce ar**re**sted him on a **char**ge of **ro**bbery.
警察は彼を強盗のかどで逮捕した。

③ Her **bo**ss **a**sked her to **wri**te a re**por**t on the **bu**siness **tri**p.
上司は彼女に出張の報告書を書くように求めた。

④ She **wa**nts him to recon**si**der **dro**pping out of uni**ver**sity.
彼女は彼に大学を中退することを考え直してほしいと思っている。

⑤ I **pro**mised her that we would **go** on an ex**pe**nsive **crui**se.
私は彼女にぜいたくな船旅に行くことを約束した。

ここがポイント！

　「強弱リズム」の谷の部分が3単語以上の場合、リンキングが連続して起こる場合もあります。それも含めて、「強弱リズムを守る」ということが英語を読む際にいかに大事なことか、さらに6つの例文で技を磨きましょう。あなたの英語が英語らしく聞こえるかどうかが、この練習にかかっているからです。

　★この文では、弱く読む部分が〈-ed her with an a-〉と数単語にわたっています。すると、まず〈-ed her〉のところで「弱化」が起こり、〈with an a-〉のところは「連続リンキング」によって「ウィザナ…」のように縮められます。音声をよく聞いて、何度もマネをしてください。この1文だけで、おおいに耳と口を鍛えましょう。

コツ教えます！

①のon an emptyは、「オン・アン・エンプティ」ではなく、「オナネンプティ」とひと息に発音します。3単語の連続リンキングです。

②の on a も「オナ」とつなげます。him on aの3単語を「ヒモナ」とひと息に読むこともできます。おまけに、himは弱化して「イム」に近くなります。すると「イモナ」となってしまいます。すごい省力化です。

③のwrite aは「ライタ」とつなげて読みます。asked her と on the は共に「弱化」を起こして、「アースクタ」「オナ」のように発音します。

④のout ofは「アウタヴ」とくっつきます。

⑤は、go on anを「ゴウ・オナン」とつなげます。人によっては、an expensiveのところもつなげて読むので、go on an expensiveは「ゴウ・オナニクスペンスィヴ」となります。これは、弱く読む〈on an ex-〉の部分が長すぎるので、少しでも短く言って文としての「強弱リズム」を保とうとするからなのです。3単語をつなげる「リンキングの連続技」の典型例です。

【4】音の変化 (ウォーターが「ワラ」に!)

★ Does **thi**s **swea**ter **wa**sh?
このセーターは洗えますか。

---

① The **che**mical **for**mula for **wa**ter is H₂O.
水の化学式はH₂Oである。

② My **dau**ghter **su**ffers from **fre**quent **hea**daches.
娘はたびたび頭痛に悩まされている。

③ My **mo**ther **ca**lls me a **cha**tterbox.
母は私のことを「おしゃべり」と呼ぶ。

④ **Ha**ve your **seat**, and you will **fee**l **mu**ch **be**tter.
おかけなさい、そうすればずっと気分が良くなるでしょう。

⑤ He pre**te**nded to for**ge**t about her **bir**thday.
彼は彼女の誕生日を忘れたふりをした。

ここがポイント！

　セーターの元の単語、sweaterは「スウェタ」という発音ですが、少しなまって、「スウェダ」または「スウェラ」のように発音されることがあります。今回は、この「**フラップ t**」という現象を取り上げます。

★sweaterを、あたかもsweader あるいは swearerのように読むアメリカ人が、とくに南部には数多くいます。このように、[t] の音を [d] または [r] のように読む現象を「フラップt」と呼びます。軽く舌を上歯茎ではじくような感じで、[d] または [r] の音を出します。[t] の音をしっかり出すことを怠けた発音法です。[t] の音をしっかり発音しようとすると、舌の抵抗にあい、その分時間を浪費してしまうからです。日本語でも「そしたら」を「そんだら」と言う場合があるのに似ています。

コツ教えます！

①のwaterは、「フラップ t」が働くと「ウォーダ」または「ウォーラ」または「ワラ」と発音します。

②のdaughterも同様に「ドーダ」または「ドーラ」となります。

③のchatterboxは「チャダーバクス」または「チャラーバクス」。

④のbetterは「ベダ」または「ベラ」。

⑤のforget about herは「フラップ t」が2回連続で働く可能性があり、その結果、なんと「フゲッダバウダ」または「フゲッラバウラ」に近い音になる可能性があります。ここまで音が化けてしまうと、日本人には聞き取るのが困難ですが、映画などを見ていて「何を言っているのかわからない」ときは、この「フラップ t」や「弱化」や「リンキング」が束になっている場合が多いのです。

　日本人が必ずしも「フラップt」を働かせて発音する必要はありませんが、これらがネイティブの英語を聞き取れない主要な原因になっていることは理解しておく必要があります。

【5】消える音 （子音が消える現象）

★ She is **stay**ing at **tha**t ho**te**l.
彼女はあのホテルに泊まっている。

① I in**si**st that you ac**ce**pt my **he**lp.
ぜひ私の援助を受け入れてくださいね。

② His **wea**k **poi**nt is that he **ca**nnot **o**perate com**pu**ters.
彼の弱点はコンピューターを扱えないことです。

③ He **ca**n't under**sta**nd **how** to **o**perate the com**pu**ter.
彼はコンピューターの使い方がわからない。

④ He in**for**med me that the **cli**ent had com**plai**ned about me.
彼はその顧客が私について苦情を言ったことを知らせてくれた。

⑤ My ac**cou**ntant **to**ld me **how** I **nee**ded to **cu**t ba**ck** on ex**pe**nses.
私の会計士は私に、出費を減らすことがどんなに必要か語った。

ここがポイント！

　注意深い読者は、ここまで本書の音声を聞いてきて、ある現象が頻繁に起こっていることに気づいていると思います。それは、語尾の子音が聞き取れない、あるいは、ほとんど発音されていない場合が多いという事実です。さっそく例文で確かめてみましょう。

　★at thatのところをよく聞いてください。「アッダッ」のようにしか聞こえない、つまり、atの語尾の [t]、thatの語尾の [t] がほとんど発音されていないことに気づかれると思います。これは、発音されていないわけでなく、「アッ」の「ッ」の瞬間に発音しようとしているのですが、例によって舌が怠けて [t] の音をしっかり出していないのです。次の5文では、どの単語の語尾が聞こえなくなっているでしょう？

コツ教えます！

①の文では、insistとthatとacceptの語尾の [t]、それから文末のhelpの [p] もほとんど聞き取れないと思います。これは「舌が怠けている」とも言えるし、「律儀に語尾の子音を発音しないことで、文の軽快なリズムを演出しているのだ！」とも言えるのです。つまり、実は省力化の一環というわけですね。

②では、なんと、weak、point、that、cannot、operateの5単語の語尾が聞こえなくなっています。ものすごい時間の節約です。

③では、can't、understand、operateの語尾が節約されています。ちなみに、②と③に出てくるcomputerは、前項で扱った「フラップ t」のため、「カンピューダ」とか「カンピューラ」になっていると思います

④では、that、clientの語尾が、⑤の文では、accountant、told、needed、cut、backの語尾が省略されます。音声を聞いて、よくマネをしてください。語尾を律儀に発音すると、ネイティブには「あ、外国人の発音だな！」とすぐにわかってしまうようです。律儀すぎてまだるっこしい英語に聞こえるのでしょう。

【6】飲み込む音 (tが消える現象)

★ He **a**sked me **why a**ccurate **fi**gures were **so** im**por**tant.

彼は私になぜ正確な数字がそんなに重要なのか尋ねた。

---

① I **tau**ght my **wi**fe **how** to **u**se the Internet.

私は妻にインターネットの使い方を教えた。

② "**War** and **Pea**ce" was **wri**tten by **To**lstoy.

『戦争と平和』はトルストイによって書かれた。

③ I would **li**ke to dis**cu**ss **co**tton manu**fa**cture with them.

綿の製造について彼らと話し合いたいです。

④ I **fe**lt disap**poi**nted at his **la**teness.

私は彼の遅刻にがっかりした。

⑤ She **tau**ght us that edu**ca**tion is **more** im**por**tant than **a**nything.

彼女はわれわれに、教育は何よりも大事なことだと教えてくれた。

ここがポイント！

　これはアメリカ英語に見られる、非常に不思議な現象で、実際の音は音声で確かめていただくしかありません。代表的な例として、クリントンという名前をあげることができます。ｔが飲み込まれると、

● 「**クリン**ッン」（Clinton）

　という不思議な発音になるのです。これも、「t」の発音を舌が怠けた結果と考えていいでしょう。おそらく心の中では「t」も発音しているのだと思います。だから「ン」のところに微妙なすきまが生じるのです。まさに「舌の怠け」の現行犯です。

★この文では、文末のimportantで"それ"は起こります。「t」の音が飲み込まれて、「インポーッン」という不思議な音になるのです。音声でお確かめください。次の5文では、どの単語に"それ"は起こるのでしょうか。

コツ教えます！

①は文末のInternetに"それ"が起きています。「**イン**ッナネ」という感じで、真ん中の [t] の音は消えてしまいます。

②の文では、writtenがターゲット。「**リ**ッン」という感じで、真ん中の「t」は飲み込まれてしまいます。③のターゲットは、cottonです。「t」が飲み込まれて「**カ**ッン」のようになります。

④では、latenessが「**レイ**ッヌス」に似た音で読まれます。

⑤では、再びimportantが「インポーッン」。この「飲み込むt」も、前項の「フラップｔ」と同様、日本人が無理にマネする必要はありません。「インポータントゥ」でも十分通じるからです。では、どうしてこの音読練習を組み込んだかというと、前項でも言ったように、この現象を知らないと、ますますネイティブの英語が聞き取りにくくなるからです。映画などを見れば、「フラップｔ」や「消えるｔ」にいやというほど遭遇することでしょう。

　デートの帰りに、彼女を駅まで送ろうと思った日本人の男子学生。

　「送る」はsendだと考えて、こう言った。

I'll send you to the station.

　「駅まで送付するよ！」と言われた女の子は「？」の顔をした。

　本当は、I'll take you to the station. と言えばよかったんだね。

　手紙にされた女の子は、どんな気持ちがしたんだろ。

第 4 章

強く発音
される単語

　ここまで「内容語は強く読み、機能語は弱く読む！」という
話をしてきました。

　ただし、言葉は生き物であり、シチュエーションによってリ
ズムも抑揚も変化することがあります。これは、日本語で考え
れば、すぐわかることです。

　たとえば、「僕は太郎に辞書を貸したんだ！」という文で考
えてみましょう。太郎を強く言えば、「次郎ではなく**太郎**にだ
よ！」と強調することになるし、辞書を強く言えば「教科書で
はなく**辞書**をだよ！」と強調することになります。

　こんなふうに、言葉というのは、シチュエーションによって
発音の仕方が微妙に変化することがあります。

話し方は十人十色

　シェイクスピアの有名なセリフ、To be or not to be, that is the question.
について、こんなことを書いている人がいました。

　「このセリフは、俳優によって微妙に言い方が違う。十人の俳優がいれば、十
通りの言い方がある！」と。

　これは、日常語の世界でもまったく同じです。早い話、「ありがとう」ひとつ
とっても、感謝しているのか、ありがた迷惑なのか、むしろ怒っているのか、言
い方は十人十色だと思います。せっかく感謝しても、「心がこもっていない！」
と文句をつける人もいますよね。

　何が言いたいかというと、「内容語は浮き立たせ、機能語は沈ませる」という
のは大原則だけれども、シチュエーションによって、実際の話し方には微妙な違
いが生じる、ということを言いたいのです。

　また、内容語でないのに強く読むケースもあります。この章では、そんな話を
していきたいと思います。

　原理原則は少しも揺るぎません。なぜなら、それは英語の本質だからです。

　しかし、すべて杓子定規ではいかないのが、言語の特性でもあり、面白いとこ
ろでもあります。

強く読みたくなる言葉

　話を具体的にしましょう。たとえば、次の英文を見てください。

A single tree doesn't make a forest.

「たった1本の木では森はつくれない」という意味ですが、メリハリ表記すると、次のようになります。

A **single tree doe**sn't make a **for**est.

　ご覧の通り、内容語（動詞）のmakeよりdoesn't（助動詞）の方が強く発音されています。これは、「そんなことはないよ！」と打ち消す気持ちが強く働いているせいです。

　別の例を見てみましょう。

What's the biggest city in Japan?

「日本一の大都市はどこですか？」という意味ですが、メリハリ表記すると、次のようになるかと思います。

What's the **bi**ggest city in **Ja**pan?

　あえてcityを太字にしていませんが、これはbiggestとJapanに挟まれて、リズムの谷の部分に位置しているからなんです。もちろんcityも強く発音する人もいるでしょうから、ここはとても微妙なところなのですが、ひとつはっきり言えるのは、Whatがどの単語よりも強く発音されるということでしょう。

　このように、通り一遍に「内容語だけが強く発音される！」と言い切ってしまうと、いろいろ例外が出てきてしまうのです。

　そこで、この章ではそのような事例を集めて、「言葉は杓子定規では語れない。なぜなら言葉は生き物だから！」という話をしてみたいと思います。

　メニューは以下の通りです。

①否定語の強調
②疑問詞で始まる疑問文のリズム
③命令文やLet's〜の文のリズム
④動詞句のリズム
⑤コントラストの伝え方
⑥発音には気持ちが反映する

⑤のコントラストの実例だけ、お見せしておきましょう。

次の英文を見てください。

Are you for or against his proposal?

「あなたは彼の提案に賛成ですか、それとも反対ですか？」という意味の文です。メリハリ表記すると、次のようになります。

Are you **for** (↗) or a**gai**nst his pro**po**sal? (↘)

この文では、機能語の仲間であるはずの前置詞forとagainstが強く読まれています。理由は、「賛成か？／反対か？」がこの疑問文の焦点となっているからです。相手に選択肢を与えて、答えを迫っているのです。だから本来なら強く言わない前置詞に強勢が置かれているんですね。

言葉は心から出てくる！

この章のテーマは「言葉は生き物である！」です。

言い方を変えると、言葉は頭が考え出しているように見えるが、実は心が生み出すものだ、ということ。

さきほど例に出した「ありがとう」も、意味は決まっています。感謝の言葉に違いはありません。でも、口調によっては怒りや不満を表す場合もあるのです。すなわち、言葉は頭で割り切れるものではなく、いつも語る人の心が関係している。いや、もっと言えば、言葉は常に心から発されるものだ、と私は言いたいのです。われわれは無感情なコンピューターではありませんから。

ことわざを１つお見せします。

Words have wings, and cannot be recalled.

「言葉は翼を持っている。（一度口から出たら）二度と呼び戻すことはできない」という意味のことわざです。メリハリ表記してみましょう。

Words have **wi**ngs, and **ca**nnot be re**ca**lled.

山と谷のうねりをダイナミックにするため、あえて動詞haveを太字にしませんでした。

さらにもう１つ。

Words cut more than swords. 「言葉は剣よりよく切れる」という意味です。

Words cut **more** than swords.

うねりを大きくするために、あえて動詞cutを太字にしませんでした。ちなみに、このことわざは、「or」が3回出てくるところが見どころです。

お待たせしました。それでは、①の「否定語の強調」から見ていくことにしましょう。この章も、いつも通り「メリハリ発音」で実地に音を確かめながら進めていきます。

【1】否定語の強調 （否定語は文をひっくり返す）

TRACK 96~101

★ **Oi**l and **wa**ter **do**n't mix.
油と水は混ざらない。

---

① He **di**dn't **joi**n in our dis**cu**ssion.
彼は私たちの議論には参加しなかった。

② **No roo**ms were a**vai**lable at **tha**t ho**te**l.
そのホテルには空き部屋が1つもなかった。

③ He **pro**mised me **no**t to **dri**nk ex**ce**ssively.
彼は私に酒を飲みすぎないことを約束した。

④ The **tea**cher **to**ld his **stu**dents **no**t to for**ge**t their **ho**mework.
先生は生徒たちに宿題を忘れないように言った。

⑤ I **to**ld the **sa**lesman that I would **ne**ver re**tur**n to **tha**t **sho**p again.
私はその店員に二度とその店には来ないと言ってやった。

ここがポイント！

　「この町には図書館がある」と「この町には図書館がない」では大違いです。このような違いを生み出す否定語のnotは強く発音され、相手の誤解を未然に防ぎます。

★もしも「油と水は混ざる」なら、Oil and water mix.と動詞のmixは強く読みます。しかし、実際には、油と水は混ざらないのですから、否定語のdon'tを強く読み、mixは添える感じになります。「混じるわけないよ！」という感じです。

コツ教えます！

①didn'tは助動詞ですが、強く発音します。参加したくなかったのかな。

②のno roomsのnoは、強い否定を表す言葉です。「ただの１室も空いてなかった！」という感じです。したがって、noは強調語として強く読みます。

③④のnotは強く発音します。not to ～ で「～しないように」の意味です。

⑤のneverも「決して～しない、金輪際～しない」と強い否定を表す言葉です。もちろん強く読んでください。

■ noの仲間のnothingも強調語なので強く読みます。ことわざで例をあげましょう。
● Nothing comes from nothing.（無からは何も生まれない）
　この文の２つのnothingは両方とも強く読みます。
● Nothing dries sooner than tears.（涙ほど乾きやすいものはない）
　この文の主語のnothingも強く読みます。「ひとつもない！」と強調している感じです。

【2】疑問詞で始まる疑問文のリズム

TRACK 102~107

★ **Who** is your **fa**vorite **fi**lm **a**ctor?
あなたの好きな映画俳優は誰ですか。

① **Wha**t is the popu**la**tion of this **ci**ty?
この市の人口は何人ですか。

② **Whi**ch **ru**le ap**plie**s to **thi**s **ca**se?
このケースにはどの規則が当てはまるのですか。

③ **How** do you **spe**ll your **na**me?
お名前はどう綴るのですか。

④ **Why** don't you **go ou**t for **lu**nch with us?
ご一緒に昼食を食べに行きませんか。

⑤ **Wha**t **ti**me will be con**ve**nient for you?
何時がご都合がよろしいですか。

ここがポイント！

　疑問詞で始まる疑問文を「**特殊疑問文**」と言います（これに対し、通常の疑問文は「**一般疑問文**」）。最初にお見せする文は、疑問詞のWhoを使った文。このような文は、先頭に疑問詞があるため、（疑問文であることは明白なので）文末はとくに上げません。その代わり、文頭の疑問詞はしっかり発音して相手に印象づけてください。たとえば、Whereを聞きたいかWhenを聞きたいかで、答えはまったく違ってしまいますから。

★この文は、Yes/Noで答えることはできません。具体的な俳優の名前を答えることになります。次の5文では、順に What、Which、How、Why、What time が文頭に置かれています。

コツ教えます！

①は、「人口は何人ですか」と問うているので、How many を使いたくなりますが、「人口数はいくつですか」という感じで What を用います。これに似た例として、「イタリアの首都はどこですか」という疑問文は、Whereを使いたくなりますが、やはり What を使って、What is the capital of Italy? と言います。Where を使うと、「イタリアの首都は今どこにいますか？」みたいな不思議な文になってしまいます。

④の Why don't you ～は、「～しませんか」と人に誘いかけるときの定番表現ですね。

■ここでは扱いませんでしたが、付加疑問は、尻上がりに読む場合と尻下がりに読む場合があります。例を挙げましょう。You're Ted, aren't you?（↗）と尻上がりに言うと「あなたがテッドですか？」と尋ねる感じになり、You're Ted, aren't you?（↘）と尻下がりに言うと、「あなたがテッドですよね！」と確認する感じになります。

【3】命令文やLet's〜 の文のリズム

🎧 TRACK108~113

★ **Stri**ke **whi**le the **i**ron is **ho**t.
鉄は熱いうちに打て。

---

① **Le**t's **wai**t and **see how thi**ngs go.
このまま待って、どうなるか見てみよう。

② **Le**t me **gi**ve you a **pie**ce of ad**vi**ce.
ちょっとアドバイスさせてください。

③ **Do**n't **pu**t **a**ll your **e**ggs in **o**ne **ba**sket.
すべての卵を1つのかごに入れるな。（ことわざ）

④ **Do**n't **te**ll **a**ll you **know**: **do**n't be**lie**ve **a**ll you **hear**.
知っていることを全部話すな。聞いたことを全部信じるな。（ことわざ）

⑤ **Ne**ver **pu**t **o**ff till to**mo**rrow **wha**t you can **do** to**day**.
今日できることを明日まで伸ばすな。（ことわざ）

ここがポイント！

　命令文では、当然ながら先頭の動詞（原形）は強く読みます。場合によると、動詞だけの命令文もあります。

　Freeze.（動くな！）、Watch.（見て！）、Listen.（聞いて！）、などですね。

　次のような2語の命令文の場合は、むしろ2番目の単語が強くなります。Look out!（大変だ！）、Come on.（こっちに来て、もういい加減にして etc.）

　★接続詞のwhileも太字にしました。「〜の間にこそ」という気持ちを汲み取って。Strikeとwhileの間に一呼吸入れましょう。

コツ教えます！

①と②のように、Let's／Letで始まる文は、Let's／Letを強く発音して、相手に何かを促していることを先触れします。

③と④はDon'tで始まる「**否定の命令文**」あるいは「**禁止の命令文**」と呼ばれるパターンです。「ダメだぞ！」という気持ちをいち早く伝えるためにDon'tを強く発音します。

⑤のNeverはDon'tと同じ効果を持つので、強く言います。「決してするな！」と禁止の意思が強く出た言い方です。

Neverで始まることわざで、ウルトラCの技を駆使したものがあるので、シェアしたいと思います。

　Never trouble trouble till trouble troubles you.（災難が起きて困るまで、災難のことを取り越し苦労するな）

troubleという単語が、動詞→名詞→名詞→動詞の順で使われています。ちょっと例のないことわざです。いったい誰がこんなことわざを作ったんですかね。

【4】動詞句のリズム （動詞のあとの単語が強く発音される）

★ **Co**ffee **ma**kes me **wa**ke **up**.
コーヒーを飲むと目が覚める。

---

① He **wa**tched me **dri**ve a**wa**y.
彼は私が車で走り去るのを見ていた。

② He **pu**t **o**n his **coa**t before **go**ing **ou**t.
彼は出かける前にコートを着た。

③ **Ho**ld **u**p your **ha**nd if you **know** the **a**nswer.
答えがわかったら手をあげなさい。

④ He **to**ld his **wi**fe to **cu**t **dow**n on **lu**xury ex**pe**nses.
彼は妻に贅沢品にかける出費を削るように言った。

⑤ **Cheer** **u**p and **sto**p **si**ghing.
元気を出して、ため息をつくのはやめましょう。

72

⊱ ここがポイント！ ⊰

　よく映画などで耳にする、Come in.（お入りなさい）という言葉。「カミーン」という感じで、inを強く発音していますね。このように、多くの動詞句では、動詞のあとにつく言葉を強く読みます。71ページで触れたLook out!やCome on. も同様です。

　★wake upの場合も、wakeよりもupを強く読みます。「ウェイカーップ」という感じ。get up（立ち上がる）やsit down（座る）なども、upやdownを強く読みます。似たような例を5つ見てみましょう。

コツ教えます！

②のput onは「ものを着る、身につける」という意味です。考えてみると、putは「置く、位置を定める」という意味の基本語ですが、後ろにonを加えることにより、「着る」という特別な意味になります。つまり、「putの後ろにonだよ」と強調しなくてはならないので、onを強く読むと考えればいいでしょう。

③のhold upの場合。holdは「位置を保つ」という基本語ですが、後ろにupを加えると、「高い位置に保つ、手などを上げる」という意味になるわけです。当然、upを強く読むことになります。

⑤upは「高さを上げる」という意味あい以外に「程度を上げる」という意味もあります。cheer upの場合は、cheerは「元気づく」という動詞ですが、これにupが加わると「ぐんと元気づく、もっともっと元気を出す」というニュアンスになります。このように、動詞句を作るonやupは、小粒だけどピリリと辛い、目立ちたがりの言葉なのです。

【5】コントラストの伝え方

★ **Wor**ds **fly**, **wri**tings rem**ai**n.
言葉は飛び去り、書いたものは残る。

---

① **Year**s **know more** than **boo**ks.
歳月は書物よりも物知り。

② **Who know**s **mo**st, **spea**ks **lea**st.
多くを知る者ほど、口数は少ない。

③ A **wi**se **ma**n **cha**nges his **mi**nd, a **foo**l **ne**ver.
賢者は考えを変えるが、愚者は決して変えない。

④ **Prai**se **ma**kes **goo**d **me**n **be**tter, and **ba**d **me**n **wor**se.
ほめると良い人間はなお良くなり、悪い人間はなお悪くなる。

⑤ The **more** one **know**s, the **le**ss one be**lie**ves.
人は知れば知るほど、妄信することが減る。

ここがポイント！

　コントラストとは、対比を表します。64ページでAre you for or against his proposal?という英文をお見せしました。この文は「賛成か反対か」を問う疑問文で、コントラストを表す典型例です。forとagainstという対照語が強く読まれて相手に二者択一を迫ります。

　★このことわざは「(話された)言葉は飛び去り、書いたものは残る」と、コントラストを演出しています。Wordsとwritings、flyとremainの呼応を意識しながら音読してください。

コツ教えます！

①Yearsとbooksが対比されています。こういうことわざが私は大好きです。うまいことを言うなあ、こういう英語って切れ味が鋭いなあ、と感心してしまいます。

②knowsとspeaks、mostとleastが対比されています。それを意識しながら音読してください。

③A wise manとa fool、changesとnever (changes) が対比されています。

④good menとbad men、betterとworseが対比されています。ヘタに人をほめると増長してロクなことはないよ、と言ってるんですね。

⑤The moreとthe less、knowsとbelievesがコントラストを成しています。私は、英語のことわざには、これらのようにコントラストを演出したものが非常に多いと思っています。それに比べると、日本語のことわざは、対比というより、意外性を重視しているように感じられます。一例を挙げれば、「犬も歩けば棒に当たる」。「論語読みの論語知らず」もそうですね。肩透かしされながらも気づきを得る、そんなことわざが目立ちます。

【6】発音には気持ちが反映する

TRACK 126~133

★I think he speaks English very well.

---

① I think he speaks English very well.

② I think he speaks English very well.

③ I think he speaks English very well.

④ I think he speaks English very well.

⑤ I think he speaks English very well.

⑥ I think he speaks English very well.

⑦ I think he speaks English very well.

ここがポイント！

　ここに7単語から成る英文があります。

　どの単語を強く（長く）読むかで、意味（話者の気持ち）は全然違ったものになってしまいます。実際に7通りの発音を耳で聞いて、口でマネして、どのように「気分」が変わるか実感してみてください。

★特定の単語を特別強く読まず、普通に読んだ場合は「彼は英語をとてもうまく話すと思う」という教科書的な訳が適します。しかし、次の①〜⑦のように、特定の単語を強調して発音すると、表す意味はまったく変わります。順番に見ていきましょう。発音が意味を決定する。もっと正しくは、気持ちが発音を決定するのです。

コツ教えます！

①は先頭の主語Iを強調しています。すると文意は、「あなたはどうか知らないけど、彼は英語がうまいと**私は**思うよ」のようになります。

②は2番目の単語であるthinkを強調しています。すると文意は、「私はただ感じるだけではなく、**確固としてこう考える**（根拠があるんだ）。彼は英語がうまいと」のように変わります。

③は3番目の単語heを強調しています。すると文意は、「他の人はともかく、**彼に関しては**英語がうまいと思うよ」という感じになります。

④は4番目のspeaksを強調。文意は「彼は書く方はともかく、英語を**話すのは**うまいと思うよ」となります。

⑤は5番目のEnglishを強調。文意は「彼は他の言語はともかくとして、**英語に関しては**うまいと思うよ」という感じになります。

⑥は6番目のveryを強調。文意は「彼はただうまいだけじゃない、英語が**すごーーく**うまいと思うね」となります。

⑦は7番目のwellを強調。文意は「彼はヘタじゃない。むしろ英語がすごく**うまい**と思うよ」という感じになります。

①〜⑦を何度も音読して、どの単語を強調するかで、文意（話者の力点）がどのように変わるかを体感してください。

ちょっと 英語でひと笑い！ ④

　ドライブ中にアメリカ人の友だちに、Do you have any spare time this weekend? と聞かれた。

　スペアタイムがスペアタイアに聞こえたので、間髪入れずこう答えた。

　Yes. Behind my car.

　週末の空き時間が、車の後ろにあるんだね！

第5章

「話すための音読」と「聞くための音読」

　ここまで、英語の発音について、いろいろな話をしてきました。

　メリハリ表記を使って、たくさんの英文を音読していただきました。ところで、音読って、いったい何のためにやるのでしょう?

　「発音をよくするためさ!　当たり前でしょ?」という答えがすぐに飛んできそうですね。でも、ちょっと待ってください。

　この章では、もう一歩踏み込んで、音読には2種類あるという話をしたいと思います。すなわち、**「話すための音読」**と**「聞くための音読」**です。

　「え?　それってどこが違うの?」と思われた方、必見です。

この本の派生効果！

　本書のいちばん初めのところを覚えていますか？　私はこんなふうにこの本を始めました。すなわち……

　日本人の英語に対するあこがれは、次の３つに絞ることができると思います。

　　①ネイティブっぽい発音
　　②字幕なしで映画を見たい！
　　③ペラペラ英会話

　この本の目的は、①の「ネイティブっぽい発音」を手に入れていただくことです、と書きました。ここまでの４章で、①の目的はほとんど達することができたのではないでしょうか？　もちろん母音や子音の細かい話は、これからの章で扱っていきますが。

　その前に、この章では、①を達成すると、同時に②の「字幕なしで映画を見たい！」や③の「ペラペラ英会話」も手に入る可能性が高くなる、という耳よりのお話をしたいと思います。

　言い方を変えると、②や③の目的を達成するためには、①の「ネイティブっぽい発音」は大きな足掛かりになるのです。

　つまり、①なくして②や③は絶対に手に入らない、ということですね。ですから、この第５章は、この本の中でもとてもユニークで重要な章となります。

音読には２種類ある！

　ここで、これまで日本で触れられることのなかった、重要な観点をお伝えします。

　それは、「音読には２種類ある！」というお話です。すなわち……

（1）「話すための音読」
（2）「聞くための音読」

　（1）の「話すための音読」は、何度も体験していただいた「メリハリ音読」です。これができれば、99％の日本人の「機関銃発音」「のっぺり発音」「無感情発音」をすでに脱しています。たった１分で手に入れられる偉大なノウハウです。

　ですが、ほとんどの日本人はこれができないために、外国人から「意味がストレートに伝わってこない、平板で心に刺さってこない、聞くだけでストレス！」と敬遠されているのです。

　この「話すための音読」は、無理に速く発音する必要はありません。極端なことを言えばカタカナ発音でも、「メリハリ音読」ができていれば、伝わる可能性はぐ〜んと高まります。

　それほど「メリハリ」は大事であり、英語発音の核心部分なのです。

リスニングのための音読

　これに対し、(2) の「聞くための音読」は、スピードを速めていく必要があります。

　おそらく、最初は1分間に80ワードくらいの速さでしょう。「話すための音読」なら、それでいいのです。しかし、「聞くための音読」は、スピードを上げていくことが必要です。

　練習を繰り返すことによって、1分間に100ワード、120ワード、そして、最後には150ワードの速度に達することができるかもしれません。

　この150語／分というのはネイティブスピーカーに近い発音速度です。つまり、自分でこの速さで発音できるようになれば、初めて「**ネイティブ英語を聞き取るための扉が開く！**」ということなのです。

　逆に、1分間に100ワードしか話せない状態では、ネイティブの話を完全に聞き取ることは不可能です。**話せない速さの英語を聞き取るのは困難だから**です。

　ですので、本書の読者は、まずは「話すための音読」をしっかり心がけ、それができるようになったら、徐々に速度を上げ、「聞くための音読」に移行していけばいいのです。

　こうして、「メリハリ音読法」は、ネイティブっぽい発音を楽しんでいるうちに、知らぬ間にリスニング能力を高めている！　という、超うれしいオマケがついているのです。

　よく、「絶えず聞き流していれば、ネイティブの英語が聞き取れるようになる！」という宣伝文句を耳にしますが、自分で話せない速度の英語を、たとえ百年千年聞いたとしても、聞き取れるようにはなりません。しかし、自分の話す速度を上げていけば、それに応じて自然とネイティブの英語が聞き取れるようにな

るのです。

　なので、リスニングができるようになるには、本書でマスターしていただく「メリハリ音読」を避けて通るわけには、絶対にいかないのです。「メリハリ音読」の速度を少しずつ上げていくことにより、リスニングへの道が開けます。

　そして、耳ができるということは、会話への扉が開くということも意味します。

　本章の冒頭で、①の「ネイティブっぽい発音」を身につけると、同時に②の「字幕なしで映画を見たい！」や③の「ペラペラ英会話」も手に入る可能性が高くなる、と書いたのは、こういうことだったのです。

「月から見た地球」を読む

　では、いつも通り、ちょっと実地練習をしてみましょう。

　次にお見せするのは、60語ほどのミニエッセイです。内容はいたって簡単です。なぜなら、これは私がかつて教材編集者だった頃（半世紀前）に、ある中学１年の教科書の中で見つけた英文だからです。タイトルを付ければ「月から見た地球」となるでしょうか。

　メリハリに注意しながら、そして意味を味わいながら音読すると、最初は40秒くらいかかるかもしれません。しかし、何度も繰り返して音読するうちに30秒を切り、やがて24秒で読めるようになったら、ネイティブの速度を手に入れたことになります。そうしたら、ネイティブ・スピードの英語を聞きとる素地ができたことになるのです。

　では、やってみましょう。

　スタート！！！

We're looking at the earth from the moon.

It's shining beautifully over the horizon.

It's just a ball.

The earth is blue and white, and very mysterious.

How beautiful.

Where's Japan?

We can't see it.

On the earth, people live in many different countries.

But we can't see borders.

The earth looks like a peaceful planet.

【全体訳】
　私たちは月から地球を見ています。月の地平線の上に、それ（地球）は美しく輝いています。ただのボールです。地球は青と白で、とても神秘的です。なんたる美しさ！
　日本はどこでしょう？　ここからは見えません。地球上では、人々は多くの異なる国に住んでいます。しかし、国境なんて見えません。地球は平和な惑星に見えます。

通常表記でも試してみよう！

　先ほどは「メリハリ表記」を見ながら音読していただきましたが、次は「通常表記」のテキストで音読してみましょう。

　このほうがスピードを上げるには適していると思います。

　そして、あなたの手元にある英語本を使って音読スピードを上げるための「予行演習」になると思います。

　では、この通常表記のテキストを使って、スピード音読を繰り返してください。

We're looking at the earth from the moon. It's shining beautifully over the horizon. It's just a ball. The earth is blue and white, and very mysterious. How beautiful.

Where's Japan? We can't see it. On the earth, people live in many different countries. But we can't see borders. The earth looks like a peaceful planet.

　読者の中には、「とうとう20秒を切ったぞ！」なんて方もいるかもしれませんね。

　あとはお手元の、お気に入りの本で、１分間150ワードのスピード音読の世界に慣れていってください。ただし、最初からフルスピードにチャレンジするのではなく、初めはメリハリに注意しながら、そして意味を味わいながら、心をこめて音読してください。

　でも、いかがですか？　発音の本だと思って購入したら、なんと「字幕なしで映画を見る」可能性が開け、「ペラペラ英会話」も夢ではなくなったって、すごくないですか？

告白します！

　ここで、告白いたします。

　私がなぜ、この本を書きたいと思ったか。

　理由は簡単です。

　世界中で、「のっぺり発音」「機関銃発音」「無感情発音」で英語を話しているのは、われわれ日本人だけなんです（涙）。

　では、世界で話されてる英語はどういう英語か？

　それが、「メリハリ英語」なのです。

　日本以外の世界には「メリハリ英語」しかないのです！

　世界中の人が、老若男女、当たり前に話しているのが「メリハリ英語」なんです。無意識のうちに、赤ちゃんの時から、英語話者は「内容語を浮き立たせ、機能語を沈ませて、強弱のあるダイナミックな英語を話す！」習慣がついているのです。

　なぜなら、この世にはそのような英語しかないからです。

　そうでなければ、英語とは言えないからです。

　英語とは、そういうものだからです。

　日本以外では………。

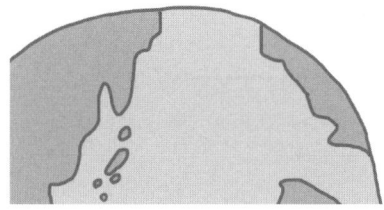

　「日本人はいつも Thank you. に対して You're welcome. と言うけど、My pleasure. の方がよく使われているんだよ」とアドバイスを受けた日本人女性。

　あるとき使ってみようとしたら、2つのフレーズが混ざってしまった。

　You're my pleasure.

　よりによって、妹のアメリカ人のダンナに「あなたは私の喜びです」と言ってしまった…！

第6章

日本人特有の英語発音のクセを直す

アメリカに行って、スタバで「コーヒー」と言ったらコーラが出てきたとか、「バニラ」と言ったらバナナと思われた、などという話をよく聞きます。

では、なぜそんなことが起きるのでしょう? この章では、そんな話をしたいと思います。

これは、発音だけでなく、聞き取りにも影響します。

かつて私の同僚編集者がアメリカ人の赤ちゃん連れの若い夫婦をホームステイさせた時、夜中に彼らが「ペーンパスが欲しい!」と大騒ぎしたそうです。どうしてもわからずそのままにしたのですが、後日「パンパース」のことだとわかり、「あの夫婦にすまないことをしたなあ!」と心底悔やんでいました。

カタカナ語が邪魔をする！

　この章では、カタカナ語として日本語化している英語が、とんだ誤解を招くことがある、という話を手短にしたいと思います。

　これはいくらでも例があるので、深入りすると1冊の本が書けるでしょう。でも、それでは本書の本題からズレてしまうので、ここでは最小限の扱いとします。

　第1項は、「**カタカナ語の発音**」が巻き起こす問題。

　第2項は、「**アクセント違い**」が巻き起こす問題です。

　まず、カタカナ語の発音が巻き起こす問題の一例をお話ししますと、たとえば次のような場合です。

　日本語で帽子のことを「ハット」と言うので、何の疑いも持たず、こんな英語を口にしてしまいそうです。

　She bought a straw hut.

　でも、帽子は英語では、hatです。無理にカタカナで表すと「ヘァート」です。もしも日本式に「ハット（hut）」と発音すると、「彼女は麦藁の小屋を買った」ことになります。ずいぶん大きな買い物をしたんだねえ！

　こんなふうに、カタカナ語に惑わされて自信満々でおかしな発音で話してしまうと、聞いたネイティブの目は点になってしまうでしょう。

　これが第1項。次は第2項の話です。

アクセント違いはリズムを壊す！

　本書は英語のリズムのことを口を酸っぱくして言い続けてきました。

　ですので、単語のアクセントの位置を間違えるだけで、聞く側は大混乱を起こしてしまうんです。

　ためしに、「ア」で始まる言葉でアクセントの違いを列挙してみましょう。左側がカタカナ語の、右側が英語のアクセントの位置です。

　アイディア　→　アイディア
　アクセス　→　アクセス
　アドレス　→　アドレス

アナログ　→　アナログ

アリバイ　→　アリバイ

アルファベット　→　アルファベット

アレルギー　→　アレルギー（正しくは、アラジ）

「ア」から始まる言葉を少し挙げるだけでこのありさまですから、あとは推して知るべしでしょう。

ところで、扉のところで書いた話をフォローしておきますね。

スタバで「コーヒー」と言ったのにコーラが出てきたのは、英語の発音は「カフィ」に近いので、「コ」の音からコーラを連想してしまったのですね。

もう1つありました。「バニラ」と言ったらバナナと思われたのは、バニラはvanillaなので、「バ」の音からバナナを連想してしまったというわけです。

【1】カタカナ語の落とし穴

★ The **spe**ctators at the **sta**dium **cla**pped.
競技場の観客は拍手喝采した。

---

① The au**tho**rities de**ma**nded **ju**stice.
当局は公正な裁きを要求した。

② These **the**ories have been **pro**ven **true**.
これらの理論は正しいことが証明された。

③ My **mo**ther **kni**tted me a **war**m **swea**ter.
母は私に暖かいセーターを編んでくれた。

④ My **fa**ther **wa**ters the **gar**den with a **ho**se.
父はホースで庭に水をまく。

⑤ **Wa**ter was **dro**pping from the **va**lve.
水がバルブからしたたり落ちていた。

ここがポイント！

　ここでは、日本語化したカタカナ発音が、もとの英語発音と劇的に異なる単語を集めて、注意を喚起したいと思います。まずは、日本語で言う「スタジアム」から。

★stadiumは、「スタジアム」ではなく、「ステイディアム」に近い発音です。「タ」ではなく「テイ」、「ジ」ではなく「ディ」と2カ所の発音がカタカナ語と違います。次の5文では、どんな単語が出てくるでしょう。

コツ教えます！

①のauthoritiesは、単数形はauthority。日本では「オーソリティ」ですが、英語では（カタカナで表すのは不可能ですが）「オソーラティ」に近い発音です。おまけに「ソー」のところは「th」の音。「th」の発音は144ページで詳しく扱いますが、ここでは音声をよく聞いてマネしてください。

②のtheoriesは、単数形はtheory。日本では「セオリー」ですが、英語では（これもカタカナでは表記不能ですが）「スィーアリ」に近く、しかも「スィ」のところは、またしても「th」の音です。

③のsweaterは「セーター」ではなく「スウェタ」。場合によっては、「スウェダ」あるいは「スウェラ」になります（55ページ参照）。

④のhose。「ホース」ではなく「ホウズ」です。もしも日本式に「ホースで水をまく」と言うと「馬（horse）で水をまく」と誤解される可能性があります！

⑤のvalve。「バルブ」ではなく、「ヴァゥヴ」に近い発音です。日本式に「バルブ」と発音すると、bulb（球根、電球）と取られる可能性が大です。電球から水がしたたるイリュージョンになってしまいます！

【2】アクセントの落とし穴

★ He be**ca**me a **Bri**tish **ci**tizen in **1998**.
彼は1998年に英国国民になった。

---

① She **ha**d the **ri**ng en**gra**ved by an **e**xpert.
彼女は指輪を専門家に彫ってもらった。

② The **ma**nager in**for**med the **sta**ff that they would be re**shu**ffled.
部長はスタッフに人事異動があると告げた。

③ Her **day**s all **see**med to **fo**llow the **sa**me **pa**ttern.
彼女の日々はすべて同じパターンにはまっているように見えた。

④ The ho**tel** is within **ea**sy **a**ccess to the **sta**tion.
そのホテルは駅のすぐそばにある。

⑤ The **fe**deral **go**vernment pro**hi**bited **a**lcohol.
連邦政府はアルコールを禁止した。

ここがポイント！

　日本人が英語を話すとき、大きな障害になるのが「アクセント違い」です。「似て非なる英語」だから、とてもやっかいなのです。たとえば、シチズンという言葉、正しい英語の発音は「スィティズン」です。アクセントの位置が違います。シチズンという発音ではたぶん通じないでしょう。

★文末の1998という年号ですが、最後の 8 をいちばん強く発音します。文字で表すと、nineteen ninety-**ei**ghtという感じです。年号を正確に伝えようとすれば、「1の位」を強調するのは当然ですよね。citizenの発音も音声で確認してくださいね。

コツ教えます！

①のexpertという語。日本では「エキスパート」と言いますが、英語では語頭のexのところにアクセントがあります。

②のmanager。「マネージャー」ではなく、「マニジャ」に近く発音します。

③のpattern。「パターン」ではなく「パタン」に近い音です。音声をよく聞いてマネしてください。

④のhotel。「ホテル」ではなく「ホウテゥ」という感じ。ずいぶん日本式の発音とは違います。accessは「**アクセス**」と語頭にアクセントがあります。

⑤のalcohol。「アルコール」とは似ても似つかない「**アルクホル**」という発音です。
このように、citizen、expert、manager、pattern、hotel、access、alcoholの7単語とも、発音が違うだけでなく、アクセントの位置がそもそも違います。ここはとくに念入りに音声を聞いて違いを耳で確かめてください。アクセントの位置が違うと、英語では致命傷になります。なぜなら、ネイティブは文だけでなく単語もリズムで聞いているからです。

ちょっと 英語でひと笑い！⑥

　日本人が外国を旅行中に、外国人に道を聞かれた。

　「ここは初めてで……」と言い訳するつもりで、思わずこう言ってしまった。

　Sorry, I'm strange.（私、変人です！）

　きっとa stranger（このあたりに不案内の人）と言いたかったんだね。

第 7 章

母音の発音を
「メリハリ発音」で！

　さあ、いよいよ個々の音の話です。通常の発音の本なら最初に出てくる「英語の母音」の話に、ようやくたどり着きました。

　でも、他の発音本と違い、この本の主役は「英語の発音」ではなく、むしろ「英語のリズム」なんです。

　したがって、個々の母音の練習の前に、必ず**「耳慣らし・口慣らし練習」**というリズム練習のコーナーを設けました。

　「習うより慣れろ！」ということわざがありますが、まずは耳で聞き、聞いた通りに口まねするところから入っていきましょう。この章は、13項目から成ります。

　☆この章から発音記号を使用します。耳から聞いた音を、発音記号で確認することができます。理解の一助としてご活用ください。

【1】[æ]の音とメリハリ発音
(cat [kæt] の [æ])

耳慣らし・口慣らし練習

cat and rat and parrot (ネコとネズミとオウム)

apple and mango and banana (リンゴとマンゴーとバナナ)

★ I imagined him a thin man with glasses.
私は彼をめがねをかけたやせた人だと想像した。

---

① Their plan for the honeymoon is to visit Canada.
彼らのハネムーンの計画はカナダへ行くことだ。

② Nancy's lack of respect made me angry.
ナンシーの傍若無人に私は腹が立った。

③ Sam picked up bad habits from school.
サムは学校で悪習をつけてきた。

④ Badly-managed companies fail.
経営の下手な会社はつぶれる。

⑤ Jumbo jets carry more than 400 passengers.
ジャンボジェットは400人以上の乗客を運ぶ。

ここがポイント！

　よく「ア」と「エ」の中間の音と説明される [æ] です。日本語にない母音なので、よく練習する必要があります。まずは、簡単な口慣らし練習から始めましょう。音声をよく聞いて何度もマネしましょう。口慣らし練習で単語の間にand を入れたのは、「発音練習」と「強弱リズム」の練習の両方を兼ねているからです。

★[æ] は、よく「ア」の口で「エ」と発音するとよいと説明されますが、むしろ「エ」の音を（口を開きながら）「ア」に変えていく、と考えたほうが日本人には出しやすいと思います。実際、Japanをネイティブが発音すると、「ジャペアーン」のように聞こえる場合があります。「ペア」と2音になるわけではないので、「ジャペァーン」と書けば少しは近くなるでしょうか。

コツ教えます！

■catの発音を「キャット」と書くことがありますが、「キャ」は口先で出す音。[æ] はもっと深いところで発音します。喉を開けながら「ケァーッ」のように発音してください。[æ] は深い音なので、長めに発音してもかまいません。その分、語尾の「t」は省略してもかまいません（57ページ参照）。

③のbad habitsは「ベァーッ・ヘァーベツ」という感じです。

■[æ] とまぎらわしい音、[ɑ] や [ʌ] との違いを音声でよく聞き比べて、練習しましょう。なお、[ɑ] については103ページで、[ʌ] については99ページで詳しく扱います。🎧TRACK155

● cap [æ]－cop [kɑp]（縁なし帽子／警官）
　hat [æ]－hot [hɑt]（縁あり帽子／熱い）
● bag [æ]－bug [bʌg]（かばん／虫）
　lack [æ]－luck [lʌk]（欠乏／幸運）

【2】[ʌ]の音とメリハリ発音
(cut [kʌt] の [ʌ])

耳慣らし・口慣らし練習

cut and **sh**ut and **b**ut

lunch and **s**upper and **b**utter

★ He **so**metimes **su**ffers from **te**rrible **sto**machaches.
彼は時々激しい胃痛に悩まされる。

---

① **Le**t's con**ti**nue the dis**cu**ssion after **l**unch.
昼食後に話し合いを再開しよう。

② **Plea**se dis**cu**ss the **pro**blem with **o**ther em**ploy**ees.
この問題を他の従業員と話し合ってください。

③ You **mu**st **pay** your **ta**xes; **o**therwise you will be **pu**nished.
税金は払わねばならない。さもないと罰せられる。

④ The **go**vernment de**ci**ded to **cu**t **ta**xes for the **mi**ddle **cla**sses.
政府は中産階級の減税を決めた。

⑤ The **shu**ttle **bu**s coll**e**cted a **grou**p of **tou**rists from the **air**port.
シャトルバスは空港で旅行者の一団を迎えにいった。

ここがポイント！

[ʌ] の音は、すでに前項の「聞き比べ練習」で聞いていただいています。cut はカタカナで「カット」と書かれますが、[ʌ] は日本語の「ア」とは少し違う音です。口を大きく開けず、少し「ウ」に近い「ア」です。私はこれを「なげやりなア」と呼んでいます。まずは、口慣らし練習から始めましょう。音声をよく聞いて何度もマネしましょう。

★この文には、[ʌ] の音が3回出てきます。sometimes、suffers、stomachaches の3単語ですね。日本語の「ア」のように口を大きく開けたくなるところをちょっと我慢して、少し「ウ」に近い「ア」にしてください。もちろん、日本語の「ア」で発音したとしても、通じないことはありませんが。

コツ教えます！

②の文では、discuss と other に [ʌ] の音が含まれています。なお、イギリス人は、アメリカ人よりも口を開いて短く発音するので、日本人の「ア」と非常に近くなります。

④の文では、[ʌ] とよく似た音を含んだ単語がいくつか出てくるので、違いがわかるように発音しましょう。governmentとcutは [ʌ]、taxesとclassesは [æ] の音です。

■ [ʌ] とまぎらわしい音、[æ] や [ɑ] との違いを音声でよく聞き比べて、練習しましょう。なお、[ɑ] については103ページで詳しく扱います。[ʌ] と [ɑ] の響きの違いが聞き取れるでしょうか。 TRACK164

● must [ʌ] − mast [æ]（〜ねばならない／マスト）
  but [ʌ] − bat [æ]（しかし／コウモリ）
● fund [ʌ] − fond [ɑ]（基金／好きで）
  nut [ʌ] − not [ɑ]（木の実／否定語）

【3】[ə]の音とメリハリ発音
(about [əbaut]の[ə])

耳慣らし・口慣らし練習

a**bou**t and a**rou**nd and a**way**

ad**vi**se and a**gree** and as**si**st

★ **Free**dom of **mo**vement is pro**vi**ded by **car**s.
移動の自由は車によって与えられる。

---

① They ar**ra**nged to **mee**t at To**kyo Sta**tion.
彼らは東京駅で会おうと決めた。

② **Ro**bert **loo**ked con**fu**sed by her **que**stion.
ロバートは彼女の質問に困惑しているふうだった。

③ I ad**vi**sed him that the **mar**ket was **per**fect for
buying a **new hou**se.
私は彼に市場は新居購入に絶好の時だとアドバイスした。

④ My **fa**vorite activity is **rea**ding **po**etry.
私が最も好きなことは詩を読むことだ。

⑤ The ope**ra**tion was per**for**med with the **pa**tient
promptly.
その患者の手術は迅速に行われた。

ここがポイント！

　いわゆる「あいまい音」の「ア」です。アクセントのない弱い母音に [ə] という発音記号が当てられます。たとえば、aboutの〈a〉の部分、ticketの〈cke〉の部分、politeの〈po〉の部分など。一定の音があるわけではないので、私は「優柔不断のア」と呼んでいます。「ふぬけのa、ふぬけのe、ふぬけのo」とでも呼びたくなる音です。では、いつも通り、口慣らし練習から始めましょう。音声をよく聞いて何度もマネしましょう。コツはとにかく脱力することです。

　★freedomの〈dom〉、movementの〈ment〉、providedの〈pro〉の部分は、アクセントのない弱い母音、すなわち [ə] の音になります。無理にカタカナで表すと、「フリーダム」と「フリードゥム」の間の音、としか言いようがありません。

コツ教えます！

①の文末のstationという単語ですが、カタカナで表すときは「ステーション」が一般的です。しかし、語尾の-tionは決して「ション」ではありません。「あいまい音」なのです。あえてカタカナ化すると「ション」よりははるかに「シュン」のほうが近い音です。

②のRobertは「ラバー t」または短く「ラバt」と発音されますが、短く発音された場合の「バ」はあいまい音になります。confusedのconも「コン」ではなくあいまい音です。もちろん、questionのtionは「チョン」ではありません。それぞれ、音声をよく聞いてください。

③のwasは、とくに強調して言う場合以外は、「ワズ」や「ウォズ」よりも「ウズ」に近いあいまいな音になります。このように、強調して言う場合とそうでない場合で母音が変わる言葉は、「弱音を持つ単語」と言われます。「弱音」とは「あいまい音」にほかなりません。言い方を変えると、強弱リズムの谷の部分に「あいまい音」が大量に動員されます。英語発音の母音の半分以上は実は「あいまい音」なのです。これは意外な事実です。

【4】[ɑ]の音とメリハリ発音
(box [bɑks]の[ɑ])

耳慣らし・口慣らし練習

dog and **h**og and **f**og

pop and **h**op and **sh**op

★ **New Yor**k **su**mmers are **h**ot.
ニューヨークの夏は暑い。

---

① **Plea**se **st**op **shou**ting like **tha**t.
そんなに大声を出すのはやめてください。

② **H**ot **spri**ng **ba**ths are re**fre**shing.
温泉はさっぱりする。

③ **B**ob **hear**d a **d**og **bar**k in the **di**stance.
ボブは犬が遠くでほえるのを聞いた。

④ **D**olphins are **cle**ver **a**nimals.
イルカは賢い動物だ。

⑤ The **show st**opped **ru**nning owing to fi**na**ncial **pr**oblems.
そのショーは財政的な理由で興行が中止になった。

ここがポイント！

　[ɑ] の音は、すでに97ページと99ページの「聞き比べ練習」で聞いていただいています。口を大きく開け、「ア」にきわめて近い「オ」の音を出すと [ɑ] になります。

★hotは「ホット」よりも「ハット」に近く発音します。口を大きく開けることを忘れずに。日本人は口を開けろと言われても、下半分しか開けません。あくびをするときのように上にも開けましょう。①の文のstopも「ストップ」ではなく「スタップ」、③の文のBobも「ボブ」ではなく「バブ」に近い発音です。

コツ教えます！

■ [ɑ] はイギリスでは [ɔ] の音で置き換えられます。[ɔ] は「ア」よりも「オ」に近い音です。面白いことに、bodyという単語は、「ナイスバディ」というときはアメリカ発音（[ɑ]）に近く、それ以外のときは「ボディ」とイギリス発音（[ɔ]）に近くカタカナ化されます。なぜなんでしょうね。

■ アメリカでは、[ɑ] の音のsongはイギリス発音の「ソング」に近く発音されると言われています。同じ発音記号でも、単語によって多少の揺れがある証拠です。同様に、同じアメリカ人でも、knowledgeは「ナレッジ」と読み、novelは「ノヴェゥ」と読む人がいます。つまり、発音記号は [ɑ] でも単語によって音が変わるということです。音声をよく聞いて、個々の単語の発音を確認してください。日本人がアメリカでイギリス式の発音で言っても、通じないことはありません。でなかったら、イギリス人はアメリカで話が通じないはずですから。

■ [ɑ] とまぎらわしい音、[æ] や [ʌ] との違いをよく聞き比べましょう。
● pot [ɑ] － pat [æ]（ポット／軽くたたく・なでる）　🎧 TRACK181
　top [ɑ] － tap [æ]（頂上／軽くたたく）
● rob [ɑ] － rub [ʌ]（奪う／こする）
　dock [ɑ] － duck [ʌ]（船のドック／アヒル）

【5】[i]の音とメリハリ発音 (sit [sit]の[i])

🎧 TRACK 182~189

耳慣らし・口慣らし練習

sit and hit and fit

city and pity and ability

★ Wise investments made him rich.
賢明な投資が彼を裕福にした。

① Doing nothing is doing ill.
何もしないのは悪事を働くのと同じだ。(ことわざ)

② Her passion is visiting art galleries and museums.
彼女は画廊や美術館通いに情熱を燃やしている。

③ Wall Street is in the financial district of New York.
ウォールストリートはニューヨークの金融街にある。

④ Bill insisted that the trip be postponed until next week.
ビルは旅行を翌週に延期すべきだと主張した。

⑤ His interest in political corruption is why he became a lawyer.
政治の腐敗への興味が、彼が弁護士になった理由だ。

ここがポイント！

[i] は、イギリスでは日本の「イ」と同じ音ですが、アメリカではアクセントのある [i] は「イ」と「エ」の中間の音になります。ここでは、アメリカ式の [i] を練習します。では、いつも通り、口慣らし練習から始めましょう。音声をよく聞いて何度もマネしましょう。

★investmentの頭の [i] とrichの [i] を聞き比べてください。investmentの [i] は「イ」に近く、richの [i] は少し「エ」に近いことに気づくと思います。これは、アクセントのある短い [i] は「エ」に近く読むというアメリカ発音のクセのためです。investmentの [i] はアクセントがないので弱い「イ」で発音します。

コツ教えます！

①の文にはiの文字が5回出てきますが、「イ」と「エ」の中間の音で強く発音するのは、最後のillだけです。それ以外は、アクセントがないので弱い「イ」で発音します。2つの音の違いを身につけるには、最適の例文です。

②のvisitingは、viのところは「イ」と「エ」の中間の音、ingのところは弱い「イ」の音です。なお、galleriesの後半の「イー」と延ばす音は、「イ」の音を延ばします。これについては、114ページで練習します。

③の文にもたくさんのiが登場しますが、「イ」と「エ」の中間の音で強く発音するのはdistrictの頭のiだけです。何度も読んで、2つの [i] の違いを確認してください。おまけに [i:] もありますね。

④は「イ」と「エ」の中間の [i] のオンパレードです。これは練習のしがいがありますね。

【6】[u] の音とメリハリ発音
(book [buk] の [u])

耳慣らし・口慣らし練習

book and **l**ook and **t**ook

would and **co**uld and **sho**uld

★ The **b**ook **tau**ght her that **goo**d always over**co**mes **e**vil.
その本は彼女に、善は常に悪に勝つのだということを教えた。

---

① **Stu**art pre**fe**rs **wa**tching **foo**tball to **play**ing it.
スチュアートは、サッカーをするより見ているほうが好きだ。

② **Le**t us **know whe**n you can de**li**ver the **goo**ds to us.
品物をいつ届けていただけるか教えてください。

③ The **bu**lletin was **e**dited for **a**ccuracy.
その報告は正確な内容に編集された。

④ He **wa**ndered in the sur**rou**nding **woo**ds.
彼は周囲の林の中をあちこちさまよった。

⑤ **Spea**king with your **mouth fu**ll is dis**play**ing **ba**d **ma**nners.
口いっぱいにほおばってしゃべるのは行儀が悪い。

ここがポイント！

　日本語の「ウ」は唇をあまり動かさずに発音しますが、英語の [u] は唇を丸く突き出しながら、腹から押し出すように強く発音します。では、いつも通り、口慣らし練習から始めましょう。音声をよく聞き比べて、練習しましょう。

★bookとgoodに [u] の音が含まれています。腹から押し上げるように発音するので、日本語のような口先だけの「ウ」よりもはるかに強い音が出ます。よく聞くと「ウ」と「オ」の中間の響きをもっています。つまり、bookは「ブック」を少しだけ「ボック」に近づけた音です。

コツ教えます！

①の文のfootballが [u] の音です。単語の真ん中の「t」は「子音の消失」で消えてしまい、「フッボーゥ」みたいな発音になります。

■ [u] は、単語によっては、少し長めに発音します。②のgoodsの [u] は、③のbulletinの [u] よりも長めです。したがって、goodsは「グーズ」、bulletinは「ブゥレティン」に近い発音になります。概して、イギリス人のほうが [u] を長めに発音する傾向があります。

■ 短い [u] と、長く伸ばす [u:] との違いを音声でよく聞き比べて、練習しましょう。🎧 TRACK198
● took [u] － two [u:]（takeの過去形／2）
　 put [u] － pool [u:]（置く／プール）
　 bush [u] － boom [u:]（潅木／ブーム）
　 look [u] － loop [u:]（見る／輪）

107

【7】[ɑː]の音とメリハリ発音
(car [ɑːr] の [ɑː])

耳慣らし・口慣らし練習

park and **pa**rt and **pa**rty

card and **ha**rd and **ya**rd

★ The **pa**rking **lo**t ad**mi**ts more than **300 ca**rs.
その駐車場には300台以上止められる。

---

① **Ma**rk had to **pa**rt with his **fa**ther's **wa**tch.
マークは父の時計を手放さなければならなかった。

② The **i**ncident oc**cu**rred in the ga**ra**ge.
事件はガレージの中で起きた。

③ I **wa**tched the **chi**ldren **pla**y in the **pa**rk.
私は子どもたちが公園で遊ぶのを見守った。

④ The **mo**vie **ma**de her a **sta**r.
その映画が彼女をスターにした。

⑤ A **la**rge a**mou**nt of **mo**ney is **nee**ded for the **pro**ject.
その計画には多額の金が必要だ。

ここがポイント！

ここまでは短い母音（短母音）でしたが、ここからは長く延ばす母音（長母音）です。トップの [ɑ:] は日本語の「アー」とは違います。口を大きく開けて、喉の奥から元気よく音を出します。「口を大きく開ける」と言っても、ふつうの日本人は口の下半分しか開きません。だから、元気のない「アー」、ため息まじりの「アー」になってしまうのです。上あごも開けて、勢いよく、高らかに「ッァァァー」と発音しましょう。では、いつも通り、口慣らし練習から始めます。音声をよく聞いて何度もマネしましょう。

★parkingとcarsに2回、[ɑ:] の音が出てきます。口を大きく開いて、元気よく発音できましたか。人生観が変わるほど、元気よく、能天気に「アー」と発音してください。ため息まじりの「アー」におさらばしましょう。

コツ教えます！

①には、Mark、part、fatherと、3回も [ɑ:] の音が出てきます。内容は明るくありませんが、発音は元気のいい「アー」でお願いします。

②の文末のgarageは、「ガレージ」ではありません。この単語はアメリカとイギリスで発音が違い、アメリカでは「ガラージ」、イギリスでは主に「ゲァラージ」のように発音されます。いずれにしても「ラー」の音は含まれますが、アクセントのあるアメリカ発音のほうがより明るい強い音になります。

③[ɑ:] とまぎらわしい短い音、[ɑ] との違いをよく聞き比べて、練習しましょう。
- part [ɑ:] － pot [ɑ]（部分／ポット）　🎧 **TRACK 207**
  heart [ɑ:] － hot [ɑ]（心臓／熱い）
  far [ɑ:] － fox [ɑ]（遠く／キツネ）
  lark [ɑ:] － lock [ɑ]（ヒバリ／錠）

【8】[əːr] の音とメリハリ発音

(bird [bəːrd] の [əːr])

耳慣らし・口慣らし練習

shi**rt** and **d**i**rt** and **sk**i**rt**

wo**rk** and **w**o**rd** and **w**o**rld**

★ The **g**i**rl sa**t **cry**ing for her **mo**ther.
少女は座って母親を求めて大声で泣いた。

---

① He pre**fer**s to be al**o**ne when he is **wor**king.
彼は仕事中は1人でいることを好む。

② **Je**nnifer was trans**fer**red to the Ver**mo**nt **bra**nch.
ジェニファーはバーモント支店に転勤させられた。

③ The **que**stion is **why** the **a**ccident oc**cur**red.
問題は、なぜその事故が起こったのかということだ。

④ The **ju**ry con**vi**cted him of **mur**der.
陪審員は彼に殺人罪の判決を下した。

⑤ The **ma**nager **to**ld his **sta**ff that they would **ha**ve to **wor**k on **Sa**turday.
部長はスタッフに、土曜日も働かねばならなくなるだろうと言った。

ここがポイント！

　さあ、日本人が最も苦手とする [ə:r] です。苦手な割に、girl, bird, word, firstなど、基本語が多く、絶対に避けて通れない音でもあります。あいまい音の [ə] が使われており、たしかにはっきりしない音ですが、アクセントがある場合は、しっかり強く発音しなくてはなりません。弱く暗く発音すると、girlが「グーゥ」のようになってしまいます。もっとも、「ガーゥ」よりは「グーゥ」にはるかに近い音なのも確かですが……。まずは、音声をよく聞いて、口慣らし練習から始めましょう。

★すぐ上で「グーゥ」のほうが「ガーゥ」よりもはるかに近いと言いましたが、本当なんです。「グーゥ」を「ガーゥ」よりも「ゲーゥ」に近づけていくと、girlの発音になります。ぜひ試してみてください。くどいようですが、くれぐれも「ガーゥ」に近づかないように！

コツ教えます！

[ə:r] の説明で、よく言われるのは、舌を上に巻き込むようにして発音する、という説明です（右図参照）。
これは、[r] を発音するときの舌の位置に近いもので、つづりを見ても〈ir、or、er、ur、ear〉など必ず「r」の字が入っています。

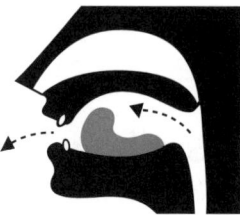

④のmurderは、アクセントのある [ə:r] とない [ə:r] が同居している、めずらしい単語です。音声を聞いてよくマネください。

■ [ə:r] とまぎらわしい音、[ɑ:r] との違いをよく聞き比べて、練習しましょう。
● heard [ə:r] － heart [ɑ:r]（hearの過去形／心臓） TRACK216
　curve [ə:r] － car [ɑ:r]（曲線／車）
　fur [ə:r] － far [ɑ:r]（毛皮／遠く）
　bird [ə:r] － bar [ɑ:r]（鳥／棒）

【9】[ɔː] の音とメリハリ発音
(ball [bɔːl] の [ɔː])

耳慣らし・口慣らし練習

bought and **cau**ght and **thou**ght

ball and **ca**ll and **fa**ll

★ I**gnor**ing the **roa**d **si**gns is **brea**king the **law**.
交通標識の無視は立派な法律違反だ。

① **To**m **ca**n't **eat fi**sh **raw**.
トムは魚を生では食べられない。

② **Hu**nger is the **be**st **sau**ce.
空腹は最上のソースである。(ことわざ)

③ She **bou**ght him a **new wa**tch for his **bir**thday.
彼女は彼の誕生日に新しい時計を買ってあげた。

④ I **to**ld her **wha**t I **thou**ght of her.
私は彼女のことをどう思っているかを彼女に告げた。

⑤ My **bro**ther **tau**ght me to **ri**de a **bi**cycle.
兄が私に自転車の乗り方を教えてくれた。

ここがポイント！

　[ɔː] は「オー」と「アー」の中間の音です。「ア」のように開ききった口ではなく、唇を丸めておいて「ア」の音を出すようにすると、うまくいきますから、ぜひ試してください。では、いつも通り、口慣らし練習から始めましょう。音声をよく聞いて何度もマネしましょう。

> ★なぜか、lawは「オー」より「アー」に近く発音する人が多いようです。とくにアメリカ西部では、[ɔː] を [ɑː] に近い音で発音する人が多いと言われています。なお、この文の真ん中に出てくるroadは [ou] の音なので、しっかり区別して発音しましょう。「ロード」と言ってはいけません。

コツ教えます！

①の文の冒頭のTomのoはrawの [ɔ] と同じ音です。rawは [ɔ] を延ばした音です。なお、rawのつづりを逆にしたwarも [ɔː] で発音しますが、アメリカ人は最後に [r] の音を添える人が多いようです。その場合は、舌を巻き舌にして [r] の音を出します（119ページ参照）。「ウォーァ」みたいな響きになります。

④の文のtoldも [ou] の音です。thoughtの [ɔː] としっかり区別して発音してください。

■では、[ɔː] と [ou] の発音の違いを集中的に練習しましょう。🎧TRACK 225
● caught [ɔː] － coat [ou] （catchの過去形／コート）
　bought [ɔː] － boat [ou] （buyの過去形／ボート）
　taught [ɔː] － toe [ou] （teachの過去形／足の指）
　sauce [ɔː] － soul [ou] （ソース／魂）

【10】[iː] の音とメリハリ発音
(eat [iːt] の [iː])

耳慣らし・口慣らし練習

keep and read and feel

heat and meat and wheat

★ Seeing is believing.
百聞は一見にしかず。(ことわざ)

---

① They saw the team beaten by weaker opponents.
彼らはそのチームが格下の敵に負かされるのを見た。

② The air-conditioning filter needs cleaning.
エアコンのフィルターを掃除する必要がある。

③ The policeman instructed him to drive at a safe speed.
警官は彼に安全な速度で運転するよう諭した。

④ I don't know whether to have Chinese or Japanese food for lunch.
お昼を中華にしたらいいか和食にしたらいいかわからない。

⑤ Pete reminded her that her shoes needed repairing.
ピートは彼女に靴を直す必要があると再度言った。

ここがポイント！

この [i:] の音は、本書の中でいちばん簡単な音かもしれません。日本語の「イー」との違いは、唇の形です。日本語で「ア」から「イ」に移るときは、口をちょっと閉じる程度の差しかありませんが、英語で [i:] と言うときは、唇を横に伸ばし、歯を見せて笑うときのような形にします。では、いつも通り、口慣らし練習から始めましょう。音声をよく聞いて何度もマネしましょう。

★[i:] の音が2つ連続するめずらしいことわざです。面白いことに、[i:] と [i] しか母音はありません。ただし、短い [i] はアクセントがないので、例の「イ」と「エ」の中間音ではなく「イ」に近い音です。[i:] のときに唇を横にひっぱり、緊張させることを忘れずに練習してください。

コツ教えます！

③のpolicemanは i を [i:] と読むめずらしい単語です。もちろん、この単語の基になっているpoliceも i を [i:] で読みます。

④は、さながら母音の品評会のように、さまざまな母音が集まってできています。文頭から書き出すと、[ou] [ou] [e] [ə] [u] [æ] [ai] [i:] [ɔ:] [æ] [ə] [i:] [u] [ə] [ʌ] といった感じで、そのうちのいくつかは本書ではこれから習う母音です。とにかく音声をよく聞き、ひとつひとつの母音を正確に再現できるように音読練習してください。この1文だけで、一挙に英語の発音がうまくなる「お得な例文」です。

★の例文は [i] と [i:] の2種類の母音からできていると言いました。ここで、改めて、短く発音する [i] と [i:] の違いを音声でよく聞き比べて、練習しましょう。🎧TRACK234
● keep [i:] － kick [i]（保つ／ける）
　feet [i:] － fit [i]（footの複数形／合う）
　meet [i:] － mit [i]（会う／ミット）
　seen [i:] － sin [i]（seeの過去分詞／罪）

【11】[ou]と[ei]の音とメリハリ発音
(boat [bout]の[ou]とmake [meik]の[ei])

耳慣らし・口慣らし練習

boat and **c**oat and **fl**oat

make and **sh**ake and **br**eak

★ I **ha**d him **pa**ged over the **PA sy**stem.
私は彼を呼び出し放送で呼んでもらった。

---

① His **goa**l is **ow**ning a **pow**erboat.
彼の目標はモーターボートを持つことだ。

② The **ow**ner **fe**d her **do**g a **bo**ne.
飼い主は犬に骨を与えた。

③ He **ba**ked her a **hu**ge **bir**thday **ca**ke.
彼は彼女に巨大な誕生日のケーキを焼いてあげた。

④ My **so**n **a**sked me to **t**ake him to the **ba**seball **ga**me.
息子は私に、野球の試合に連れて行ってくれとせがんだ。

⑤ We do **no**t dis**cri**minate on the **ba**sis of **ra**ce.
われわれは人種を根拠に差別はしない。

ここがポイント！

　前項までで「長母音」を終わり、今回からは「**二重母音**」や「**複合母音**」の練習に移ります。あと３回で母音の練習は終わりです。さて、今回取り上げる二重母音は、[ou] と [ei] の２つ。数ある二重母音の中からこの２つを選んだ理由は、日本語の「オー」「エー」という発音に惑わされやすい音だからです。たとえば、「ボート」は英語では「**ボウト**」、「ページ」は英語では「**ペイジ**」と発音します。

★pagedとPAのAの部分が [ei] の発音であり、overのoの部分が [ou] の発音です。いずれも、日本語の「ページ」「エー」「オーバー」という発音に惑わされやすいので、注意して練習しましょう。とくにoverは「オーバー」ではなく「**オウヴァ**」です。もしも「オーバー」と発音したら、ネイティブには「orbar」とでも聞こえるでしょうか。これで通じるか、はなはだ疑問です。
PA systemはpublic-address system（広い場所での拡声装置）の略。ついでながら、ロサンジェルスの略称は「ロス」ではなくLAです。I'm going to Los.と言っても通じないのでご注意を。

コツ教えます！

①は、goalとowningに [ou]、powerboatのboatのところにも [ou] が含まれています。「ボート」という日本語とはっきり区別して発音しましょう。なお、powerは「パワー」ではなく「**パウァ**」です。②の文は、ownerとboneに [ou] が含まれています。「オーナー」という日本語に惑わされないように。

③のbakedとcake、④のtake、baseball、gameに [ei] が含まれています。「ベースボール・ゲーム」とならないよう、「**ベイスボー・ゲイム**」としっかり二重母音で発音してください。

⑤は、discriminateのnateの部分、basisのbaの部分、それからraceという単語に [ei] が含まれています。raceは「人種」と「競争」というまったく異なる２つの意味をもつ単語です。「人種」の意味は古いフランス語から、「競争」の意味は古い北欧語から、と別ルートで英語に入って、同じつづりになりました。

【12】 [ɛər] と [iər] の音とメリハリ発音
(hair [hɛər] の [ɛər] と here [hiər] の [iər])

耳慣らし・口慣らし練習

hair and **ch**air and **p**air

here and **n**ear and **m**ere

★ We **go**t a **fair share** of the **pro**fit.
われわれは利益の公平な分け前を得た。

---

① She was in the **ki**tchen pre**par**ing **lu**nch.
彼女は台所で昼食の準備をしていた。

② She com**pare**d the **co**py with the or**i**ginal.
彼女は写しを現物と比べてみた。

③ My ex**per**iences a**broa**d **tau**ght me to ac**ce**pt **o**ther **cu**ltures.
海外での経験が私に他国の文化を受け入れるよう教えた。

④ They **su**mmoned him to ap**pear** before the **cour**t.
彼らは彼に出廷するよう求めた。

⑤ She re**gar**ded his be**ha**vior as **chi**ldish.
彼女は彼のふるまいを子どもっぽいと思った。

ここがポイント！

　母音の最後の2回は、語尾に「r」の音が加わる特殊な母音です。私はこれらを「母音と子音が結合した音」ということで、**複合母音**と呼んでいます。今回は、その1回目で、[ɛər] と [iər] の2つを取り上げます。「エァ」「イァ」に近い音です。では、いつも通り、口慣らし練習から始めましょう。音声をよく聞いて何度もマネしましょう。

★fairとshareに含まれる [ɛər] は「エァ」に似ています。また、[iər] は「イァ」に似た音です。ただし、アメリカでは、「エァr」「イァr」のように、最後に「r」の音を付加します（イギリス発音は付加しません）。末尾に「r」を加えるのは、日本人には難しいですが、ここですごいコツをお教えしましょう。上の奥歯（左右2カ所）に舌を付けるようにすると、自然に「r」の音が加わります。下の図も参考にしてください。これは日本人にはわかりやすい方法だと思います。

コツ教えます！

①は、preparingに [ɛər] が含まれ、②はcomparedに [ɛər] が含まれています。prepareという動詞は、語尾を「ペァr」と発音します。最後に「r」の音を加えるのは、すでに書いたように上の奥歯に舌を付けるのがコツです。右の図で場所を確認してください。

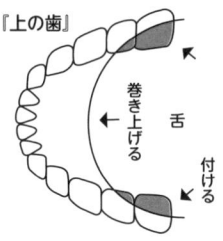

『上の歯』
巻き上げる
舌
付ける

③のexperiencesは「イクスピァリアンス」に近く発音し、真ん中に「イァ」の音が含まれています。

④はappearに、⑤はbehaviorに「イァ」の音が含まれています。

【13】[ɔːr]と[juər]の音とメリハリ発音

(pour [pɔːr] の [ɔːr] と cure [cjuər] の [juər]) 🎧 **TRACK 251~258**

耳慣らし・口慣らし練習

four and **more** and **score**

cure and **sure** and **pure**

★ **Plea**se **tell** me **whe**n to **o**pen the **store**.
いつ店を開けたらいいか教えてください。

---

① The i**dea** of the **ga**me is to **score** the **mo**st points.
このゲームの目的は最高の得点を取ることだ。

② She **pou**red **crea**m into her **co**ffee.
彼女はコーヒーにクリームを入れた。

③ The **trea**tment **cure**d her of **ca**ncer.
その治療で彼女のがんは治った。

④ I'm **sure** this **wa**tch is **ma**de of **pure go**ld.
この腕時計は純金でできていると確信している。

⑤ They as**sure**d him that his **so**n would re**co**ver **soo**n.
彼らは彼の息子がまもなく回復するだろうと保証した。

ここがポイント！ [ɔːr] と [juər]

　今回は「**複合母音**」の２回目で、[ɔːr] と [juər] の練習をします。[ɔːr] は「オァ」に近いですが、「オ」ではなく、「オ」と「ア」の中間の音から始めます。hotの [ɑ] です。[juər] は「ウァ」に近いですが、「ウ」と「オ」の中間の音から始めます。したがって、your という単語は「ユァ」と「ヨァ」の中間のような音に聞こえるはずです。では、いつも通り、口慣らし練習から始めましょう。音声をよく聞いて何度もマネしましょう。

　★storeに [ɔːr] の音が含まれています。この「オァ」も、アメリカでは「r」を付けて、「オァr」と発音されます。例の、舌を奥歯に付けるやり方で「r」の音を加えてください。ついでながら、openは「オープン」ではなく「オウペン」に近い響きです。

コツ教えます！

①はscoreに、②の文はpouredに [ɔːr] の音が含まれています。

③はcuredに、④の文はsureとpureに、⑤の文はassuredに、[juər] の音が含まれています。「ウァ」の場合も、アメリカでは「ウァr」と「r」の音を付加します。もちろん、速く読むときにはほとんど聞き取れないですが。

■語尾に「r」を付け加える方法について、もう少し触れておきましょう。そもそもアルファベットの「R」の読み方が「アーr」と最後に「r」の音を伴っています。語尾に付ける「r」の発音が難しいと思う方は、いちばん簡単な「R」で練習してみてください。farやcarやbarも一緒にどうぞ。
● R　far　car　bar　🎧TRACK259

ちょっと 英語でひと笑い！ ⑦

　外国のレストランで、満腹した日本人が「ふー、お腹いっぱーーい！」と言おうとしたのが、いけなかった。

　Oh, I'm full. のつもりで、腹をさすりながら、Oh, I'm fool. と言ってしまった。

　美味しいご馳走を食べたあと「私はバカだ！」と言った客は初めてだった。

第8章

子音の発音を「メリハリ発音」で!

　母音に続いて、今度は子音に進みましょう。ここでも、最初は「耳慣らし・口慣らし」から始めます。

　子音の発音についても、これまで、いろいろな説明を聞いたり読んだりしてきたかもしれません。たとえば、[f]の音は、「下唇を上の歯でかみながら発音する」とか。しかし、説明の通りにしっかりかみながら発音すると、[f]の音を強調しすぎることになるかもしれません。

　会話は「発音を聞かせる場」ではないので、発音にこだわり過ぎると、かえってぎくしゃくした会話になりがちです。まずは音を聞き、その音をまねるところから、素直にやり直しましょう。この章は、15項目から成ります。

【1】[r]の音とメリハリ発音
(red [red]の[r])

耳慣らし・口慣らし練習

red and **rou**nd and **re**al

rain and **brai**n and **trai**n

★ **Rain fre**shens the **air**.
雨が大気をさわやかにする。

---

① **Roy** ig**nor**ed her re**pea**ted re**que**sts.
ロイは彼女の再三の頼みを無視した。

② **A**ll r**oa**ds **lea**d to **Ro**me.
すべての道はローマに通ず。（ことわざ）

③ My **mo**ther re**mi**nded me to **bri**ng **ho**me my um**bre**lla.
母は私に傘を家に持ち帰るよう注意した。

④ The **mo**vie **show**ed me that **ra**cism is **wro**ng.
その映画は人種差別が誤りであることを私に教えた。

⑤ **Ri**chard de**ter**mined that the **pro**blem was a **hu**man **e**rror.
リチャードはその問題は人為的なミスであると結論づけた。

ここがポイント！

　[r] の音は、①舌先を上に巻き上げ、②しかも歯茎には付けないようにするのがコツです。舌先を歯茎に付ける [l] と区別しなくてはなりません。日本語の「ラ行」は、軽く舌先を歯茎の奥に触れさせるので、英語の [r] とは違います。では、いつも通り、口慣らし練習から始めましょう。音声をよく聞いて何度もマネしましょう。

★rainは「レイン」ではありません。舌先が歯茎に付かないので、「ウェイン」に近い音になります。あるいは、「ゥレイン」とでも表せばいいでしょうか。[r] の音を出すもうひとつのコツに、左右の奥歯に舌を触れさせる、というのがありました。こうすると、舌先が歯茎に付くことはなくなるので、結果として [r] の音が出せるのです。これは便宜的な方法ですが、やり方がわからない場合は役に立つ方法といえるでしょう。

コツ教えます！

①について。日本語の「リピート」「リクエスト」の「リ」は舌先が歯茎に軽く触れます。
したがって、英語の [r] とはまったく別の音です。
その違いに注意しながら、何度も音読してください。
[r] の舌の位置を右の図で確認してください。

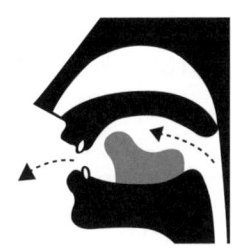

②は、[l] と [r] の音が交互に出てきます。[l] は次項で扱いますが、語頭にあるときは、舌先を歯茎に軽く付けます。ただし、allのように語尾にあるときは、舌を歯茎には付けず「ウ」に近い音になり、「オーゥ」のようになります。[l] と [r] の違いを意識しながら音読してください。

⑤の文末の単語、errorは何度も音声を聞いて練習しましょう。[r] が2回続きますが、2回目は語尾なので、（アメリカ発音なら）例の奥歯に舌を触れさせるやり方で出します。

【2】[l]の音とメリハリ発音 (look [luk] の [l])

耳慣らし・口慣らし練習

love and live and learn

all and ball and call

★ Written language differs from spoken language.
書き言葉は話し言葉とは違う。

---

① The country elected him ruler.
その国は彼を支配者に選んだ。

② You really know how to flatter people.
本当にお世辞がお上手ですね。

③ Liquids sometimes resemble solids.
液体は時折、固体に類似することがある。

④ They looked annoyed at the final score.
彼らは最終スコアを見ていらだっているようだった。

⑤ Linda explained how they should recycle used milk cartons.
リンダは、どのように牛乳の紙パックをリサイクルすべきか説明した。

ここがポイント！

　[l] は舌先を伸ばして歯茎に軽く触れさせます。ここで重要なアドバイスをします。それは、日本人が [l] で舌先を歯茎に触れる時間が短すぎるという点です。ほとんど瞬間的に触れる人が多いようです。これだと、[l] の音が相手に聞こえない恐れがあります。あるバイリンガルの方は、[l] の子音は**少しだけ持続時間を持たせるといい**と言っています。つまり、舌で歯茎に触れている間、「ルー」と舌のわきから息が漏れる「時間」を持たせる。その継続が [l] の音となる、ということですね。これはまさに目からウロコの説明でした。

　なお、allのように l が語尾にくるときは、舌先を歯茎に付けず（ここでも舌が怠けている）、「オーゥ」のように発音します。

　★written languageは [r] と [l] が交互に出てきます。writtenは舌先を歯茎に付けず「ゥリトゥン」という感じ。59ページで指摘した「飲み込む t」を発動すると、「ゥリッン」となります。languageは舌先を歯茎に軽く触れ、「レァーングイジ」のように発音します。

コツ教えます！

■アメリカ人は日本人の「ラリルレロ」を [r] と [l] のどちらに近い音と聞いているのでしょう。意外なことに、[r] に近い音と理解しているようです。つまり、舌が歯茎に触るのが瞬間的すぎて、触れているように聞こえないのですね。英語の [l] は、先ほどの、舌の脇から「ルー」と音が漏れ出る状態を思い出しながら、しっかり [l] の音を出してください。

③のresembleと④のfinalは語尾に [l] の音が来るので、「リゼンブゥ」または「リゼンボー」、「ファイナゥ」または「ファイノー」に近い発音となります。また、⑤のmilkは「ミルク」ではなく、「ミゥク」のように発音します。
■日本人には区別の難しい [l] と [r] の違いをよく聞き比べて、練習しましょう。 🎧 TRACK276
● light [l] － right [r]（明かり／右）　　　lip [l] － rip [r]（唇／裂く）
　　lack [l] － rack [r]（欠乏／棚）　　　glow [l] － grow [r]（輝く／育つ）

【3】[s]と[ʃ]の音とメリハリ発音
(see [siː]の[s]と she [ʃiː]の[ʃ])

耳慣らし・口慣らし練習

sink and sank and sunk

shrink and shrank and shrunk

★ She seemed shocked.
彼女はショックを受けたようだった。

---

① She saw her dreams destroyed by the recession.
彼女は自分の夢が不況によって打ち砕かれるのを知った。

② She sounded exhausted on the telephone.
電話の声で彼女は疲れきっている様子だった。

③ She showed us how monthly expenses could be economized.
彼女はわれわれにどうすれば日々の出費を抑えることができるかを教えた。

④ They assured her that she would not be charged for the service.
彼らは彼女にサービスは無料であると保証した。

⑤ Supermarkets and department stores drive small shops out of business.
スーパーとデパートが、小さな店の商売を駆逐する。

ここがポイント！

　[s] と [ʃ] を、日本人は区別しないで表記します。たとえば、「シート」と言っても、seat なのか sheet なのかわかりません。ここから、英語を話すときにも混乱が起こるのです。まずは、２つの音の違いに注意しながら、音声をよく聞いて、音読練習をしましょう。

★ [s] と [ʃ] の音が交互に出てくる、短いながら音読練習に最適の例文です。[s] と [ʃ] で注意しなくてはならないのは、両方とも「無声音」だということです。たとえば、swim という単語は「スウィム」ではなく「ｓウィム」と発音します。[s] は声を伴わない音なので、音節もありません。[s] も [ʃ] も歯茎の間から空気の漏れる音なのです。声が漏れる音ではありません。

コツ教えます！

① と ② は、She saw、She sounded と [ʃ]-[s] の順番ですが、③ は She showed と [ʃ]-[ʃ] と [ʃ] が続きます。正確に発音できましたか。

逆に⑤の small shops では、[s]-[ʃ] の順番になっています。この [s] と [ʃ] の差は、早口言葉になっているくらいですから、ネイティブにも難しいのですね。⑤の department は「飲み込む t」を含んでいて、「ディパー～メン」のように発音されます。

■ 日本人には区別の難しい [s] と [ʃ] との違いをよく聞き比べて、練習しましょう。🎧 TRACK 285
● sea [s] － she [ʃ]（海／彼女）
　seat [s] － sheet [ʃ]（座席／シーツ）
　sign [s] － shine [ʃ]（記号／輝く）
　sew [s] － show [ʃ]（縫う／見せる）

【4】[f]と[v]の音とメリハリ発音
(fit [fit] の [f] と vote [vout] の [v])

耳慣らし・口慣らし練習

five and fif**tee**n and **fi**fty

valley and **va**lue and **va**lve

★ They **fou**nd the **vi**ctim **ly**ing in bed.
　彼らは被害者がベッドに横たわっているのを見つけた。

---

① The **fir**st **trai**n **star**ts **ru**nning at **fi**ve o'clo**ck**.
　始発列車は5時に走り始める。

② His **pro**blem is that he is **su**ffering from **hay fe**ver.
　彼のかかえている問題は、花粉症にかかっていることだ。

③ **Fre**d **fou**nd that the com**pu**ter was in**fe**cted with a
　virus.
　フレッドはコンピューターがウイルスに冒されていることに気づいた。

④ **Floo**d **vi**ctims were **see**king **foo**d and **clo**thing.
　洪水の被害者は食料と衣類を求めていた。

⑤ The **fi**fty **star**s on the A**me**rican **fla**g repre**se**nt the
　fifty **sta**tes.
　米国国旗の50個の星は50州を表している。

ここがポイント！

　[f] と [v] に関しては、「上の歯を下唇に当てながら発音する」という説明がひとり歩きして、強く歯を当てて発音する、と誤解している人が多いようです。実際は、軽く当てればいいし、そうでなければ速やかに文を読むことは不可能です。ただし、[f] も [v] も「摩擦音」の代表選手。上の歯を下唇に当てながら、摩擦する音を意識しましょう。では、いつも通り、口慣らし練習から始めましょう。音声をよく聞いて何度もマネしましょう。バルブが本当は「ヴァルヴ」だったとは、驚きではありませんか？

　★foundの [f] は無声音、victimの [v] は歯を下唇にあてがいながら声を出す有声音です。ついでながら、[v] をしっかり発音しないと、文末のbedの [b] との区別がつきにくくなります。日本では、[v] の音を [b] でカタカナ化する傾向があります。たとえば、ラスベガスのつづりはLas Vegas。発音はなんと、「ラース・ヴェイガス」なんです。このような落とし穴はいたる所にあるので、注意が必要です。作曲家のビバルディは、正しくは「ヴィヴァルディ」です。

コツ教えます！

①の five、②の fever は [f] と [v] の音を両方含んでおり、練習に最適の単語です。

③の virusは「ウイルス」「ビールス」とカタカナ化されますが、正しい発音は、なんと「ヴァイァラス」。音声でお確かめください。

⑤は、[f] の音を５つも含む「特盛り」の例文です。文字通り、舌をかまないように注意して練習してください。口調もとてもよい英文ですので、何度も発音してみてください。representは「表す、象徴する、代表する」などの意味をもつ重要動詞です。名詞形のrepresentativeは「代表者」、大文字でRepresentativeと書くと「代議士、国会議員」の意味になります。この項の例文は、英語発音の卒業試験に出したくなるような英文だらけです。

【5】[p]と[b]の音とメリハリ発音
(pen [pen] の[p] と boy [bɔi] の[b])

耳慣らし・口慣らし練習

peace and **pa**ce and **pau**se

break and **bro**ke and **bro**ken

★ **P**eter **ga**ve the **b**oy a **new**-born **pu**ppy.
ピーターはその少年に生まれたての小犬をあげた。

---

① The poli**ti**cian **pro**mised the **tow**nspeople a **be**tter **li**fe.
その政治家は町の人々によりよい生活を約束した。

② The **pri**me **mi**nister con**gra**tulated him on his **No**bel **Pri**ze.
首相は彼にノーベル賞のお祝いを述べた。

③ **Pro**blem a**du**lts **te**nd to pro**du**ce **more pro**blem **chi**ldren.
問題のある大人はえてして、さらなる問題児を作り出す。

④ **B**ob de**ma**nds that the **co**mpany pro**vi**de **b**etter con**di**tions.
ボブは会社がよりよい条件を出すことを要求している。

⑤ The **pur**pose of the **Pro**duct Lia**bi**lity **law** is to pro**te**ct the con**su**mer.
PL法の目的は消費者を守ることだ。

ここがポイント！

[p] と [b] については、「唇を閉じて破裂させる音」という説明が一般的です。しかし、これだと、口先だけで出す音のような誤解を招く恐れがあります。喉の奥、あるいは腹の底から声を出そうとするから、「破裂が自然に起こる」のです。その意味で、母音の太さ、強さが [p] と [b] の破裂を下支えするのだ、と考えてください。英語は口先で発音する言語ではありません。

★Peterとpuppyに [p] が、boyとnew-bornに [b] が含まれています。[p] が破裂音というのは理解しやすいですが、[b] も破裂音というのは、意識しないと日本式の平板な「バビブベボ」になりがちです。「ボーイ」ではなく「ッボーイ」という感じで、体の奥から出てくる破裂音にしてください。そういえば「爆弾」はbomb（ッブム）でしたね。日本語も「b」で始まっているのは単なる偶然でしょうか。破裂音より「爆裂音」の方がふさわしいかも。

コツ教えます！

①〜⑤はすべて、pとbの両音を含んだ例文です。[p] は無声音、[b] は有声音という違いはありますが、どちらも唇を破裂させる点では共通です。日本人は特に [b] は平板になりやすいので注意が必要です。「交番」と「高慢」の違いがはっきりしないのが日本語の発音です。

■ 冒頭に書いたことを繰り返します。たとえば、pauseという単語の場合、腹の底から [ɔ:] という太い音を出せば、頭につける [p] は自然に破裂音になります。boyも同様です。喉の奥から [ɔ] の音を出すと、自然に [b] は破裂音になります。つまり、[p] と [b] は英語の発音を、根本的に見直すための最高の素材と言えるのです。「平和」を意味するpeaceも決然と発音してください。

■ このことは、[t] や [d] にも言えます。英語の子音が強く感じるのは、実は、母音が太く、奥深くから出てくるからなのです。英語の発音を説明するとき、唇や歯や舌の形に力点を置きすぎると、口先だけの音になりがちです。口先で発音している限り、日本人発音から脱することはできないのです。

【6】[t]と[d]の音とメリハリ発音
(take [teik]の[t]と drink [drink]の[d])

 TRACK 302~309

耳慣らし・口慣らし練習

take and took and taken

do and did and done

★ Italy depends heavily on its tourist trade.
イタリアは観光産業に大きく依存している。

---

① Demand determines the price.
需要が価格を決定する。

② Drought deprives the desert of water.
かんばつの為砂漠は水が欠乏する。

③ Domestic violence often results in divorce.
家庭内暴力はしばしば離婚という結果に終わる。

④ Ted devoted himself to taking care of the patients.
テッドは患者の世話を見ることに身を献げた。

⑤ The duty of ambassadors is to maintain diplomatic relations.
大使の務めは外交関係を維持することである。

ここがポイント！

前項の [p] と [b] で言ったことは、そのまま [t] と [d] にもあてはまります。なぜなら、[t] と [d] も破裂音（爆裂音）であり、舌先を歯茎に付けて破裂させる音だからです。破裂させるためには母音を太く、奥のほうから発声する必要があります。では、口慣らし練習から始めましょう。音声をよく聞いて何度もマネしましょう。

★Italyとtouristとtradeに [t] が、dependsとtradeに [d] が含まれています。舌先を歯茎に付けて破裂させる音ですから、舌先に力が必要です。実際、声楽家は舌の筋力をつけるトレーニングをします。それは、外国語の発音のために必要だからです。太い呼吸と、舌や唇の力、英語の上達には「体育会系」の地力が欠かせません。

コツ教えます！

■ [t] と [d]、[p] と [b] は共に破裂音の仲間です。ですから、[t] と [d] だけでなく、前項で習った [p] と [b] も意識しながら発音してください。たとえば、①の文では、Demand、determines、priceの３つが破裂音で始まる単語です。

■ ちょっと先回りすることになりますが、破裂音の仲間には、このほか [k] と [g] の２つがあります。④の文のcareが [k] で始まる単語ですね。[k] と [g] は次項で扱います。

④のdevoteという動詞は、「ささげる」という意味です。〈devote oneself to ～〉で「自らを～にささげる」すなわち「～に専念する、心血を注ぐ」という意味になります。さらに、devotedは「献身的な」という形容詞にもなり、a devoted friendといえば「忠実な友」、a devoted wifeといえば「夫を深く愛している妻」というニュアンスになります。

【7】[k]と[g]の音とメリハリ発音
(king [kiŋ]の[k]と game [geim]の[g])

耳慣らし・口慣らし練習

king and **kick** and **coo**k

grow and **grew** and **grow**n

★ **Chri**s **play**s a **ve**ry **goo**d **ga**me of **te**nnis.
クリスはとてもよいテニスの試合をする。

---

① **Qua**lity **ma**tters **more** than **qua**ntity.
量より質のほうが大事だ。

② **Qui**tting is **cha**racte**ri**stic of **Gre**g.
やめるなんていかにもグレッグらしい。

③ **Ka**ren for**go**t to **fee**d her **ca**t.
カレンは猫のえさをやり忘れた。

④ **Ki**m **saw** a **gir**l **ki**dnapped by a **mi**ddle-aged **ma**n.
キムは少女が中年の男に誘拐されるのを見た。

⑤ **Gra**duates are **no**t guaran**tee**d **jo**bs.
卒業生に仕事は保証されていない。

ここがポイント！

　[t] [d] [p] [b] について、[k] と [g] も破裂音の仲間です。舌の奥を口の中の上の面につけて空気をため、破裂させるのです。言うまでもないですが、[k] は無声の音、[g] は破裂させるときに声を伴う有声音です。

★Chris は無声音の [k] から始まり、good と game は有声音の [g] から始まる単語です。[k] は無声音ですから、「クリス」とカタカナ化することが、そもそもの間違いで、より正確に表せば、「k リ s」と書かなくてはなりません。

コツ教えます！

①の quality と quantity について。ここにもカタカナ化の罠があるのですが、「クオリティ」などと書くと、qua が「クオ」と2音に分かれているような錯覚を生みます。ここの発音は [kwɑ] なので、あえて書けば「クォ」という1音節なのです。日本人は「クエスチョン」などと発音しがちなので、注意が必要です。ちなみに、question は「**クェ** s チュン」（2音節）のほうが近いですね。

②の characteristic の発音について。この単語には [k] の音が3回出てきます。[k] は破裂音、という知識を鵜呑みにして、3回とも"破裂"させる必要はありません。破裂させるのは語頭の [k] の1回だけ。途中に出てくる [k] と語尾の [k] まで破裂させると、非常に耳障りな発音になってしまいます。さらに言えば、語頭の [k] も、この単語の場合はアクセントがないので、強力な破裂は伴いません。

■ 単語の中間や末尾では大きな破裂はさせない、というのは他の破裂音についても言えます。例として、④の kidnapped で説明しましょう。語頭の [k] はもちろん破裂を伴います。しかし、次の [d] と最後の [p + t] の音をいちいち破裂させていたら、ゴツゴツして耳障りな発音になってしまいます。それどころか、例の「子音の消失」で、真ん中の [d] はほとんど発音されないし、語尾の [pt] も軽く添える程度になります。要するに、破裂させるのは、そこにアクセントがあるときと考えていいのです。アクセントはパワーなのです。

【8】[n]と[m]の音とメリハリ発音

(nine[nain]の[n]と mean[miːn]の[m])

耳慣らし・口慣らし練習

nine and nineteen and ninety

mouse and mouth and mammoth

★ Don't mention the matter to anyone.
そのことは誰にもしゃべらないでくれ。

---

① Mike managed to land the plane safely.
マイクは何とか無事に飛行機を着陸させた。

② There is no means to obtain such information.
そのような情報を手に入れる手段はない。

③ The heart of effective management is communication.
効果的な経営の鍵はコミュニケーションだ。

④ The amusement facility is maintained by the town.
その娯楽施設は町によって管理されている。

⑤ The UN is seeking a political solution rather than a military one.
国連は軍事的解決よりも政治的解決を模索している。

ここがポイント！

　日本人にとって意外な盲点になっているのが、この [n] と [m] の音です。[n] は舌先を上の歯茎につけて発音しますが、語頭だけでなく、語尾でも律儀にそうするネイティブがたくさんいます。そうすると、pen は「ペン」ではなく「ペンヌ」のように聞こえます。pen の n もちゃんと n であることを主張していることをお忘れなく。では、いつも通り、口慣らし練習から始めましょう。音声をよく聞いて何度もマネしましょう。

　★mention と matter が [m] で始まっています。このように語頭にあるときは、日本語の「マ行」とあまり変わりません。ただし、語尾の [m] を律儀に発音すると、ham を「ハム」と発音することになってしまいます。この場合は [m] の音よりも唇を閉じて「ン」と言えば、正しい発音になります。あまり注意されないことですが、破裂音も鼻音（[n] と [m] は鼻から音を出すので「鼻音」と言います）も、語頭にあるか語尾にあるかで、まったく違う発音になるのです。

コツ教えます！

①の managed と③の management は、共に語頭にアクセントがあります。日本語のカタカナ化と大きく食い違っているのでご注意ください。managed は「メァニジ d」、management は「メァニジメン t」という発音です。management は長い単語ですが、音節は3つだけ。man-age-ment なのです。「マネージメント」といかに違うか確認してください。

②以降の4つの文は、すべて最後が [n] の音で終わっています。音声でどんな発音をしているか、確認してください。とくに短い単語の town と one は「ンヌ」という終わり方に近いと思います。いずれにしても、口を開きっぱなしの「ン」では [n] にはなりません。

⑤の文の UN は、United Nations（国際連合）の略称です。

【9】[z]と[ʒ]の音とメリハリ発音
(boys[bɔiz]の[z]と vision[viʒən]の[ʒ])

耳慣らし・口慣らし練習

boys and **gir**ls and **tea**chers

vision and **fu**sion and il**lu**sion

★ This is **how** we **ca**me to this con**clu**sion.
こうしてわれわれはこの結論に達しました。

---

① **Ol**d **peo**ple's lives are **bri**ghtened by **pe**ts.
老人の人生はペットによって明るくされる。

② **A**dvances in **me**dicine have in**crea**sed our **li**fe **spa**ns.
医学の進歩のおかげで人々の寿命が延びた。

③ **Su**san **always know**s **wha**t to **do** in situ**a**tions like **thi**s.
スーザンはこのような状況ではどうすべきか常に心得ている。

④ This is **no**t an oc**ca**sion for com**plai**nts.
今は不平を言っている場合ではない。

⑤ **Su**sie **wa**tched me re**pair**ing the **te**levision.
スージーは私がテレビを修理するのを見守った。

ここがポイント！

　[z] と [ʒ] は、日本人にはまぎらわしい音ですが、[z] は [s] の有声音、[ʒ] は [ʃ] の有声音です。128ページで練習した [s] と [ʃ] を、声を出しながら発音すると、[z] と [ʒ] になります。では、いつも通り、口慣らし練習から始めましょう。音声をよく聞いて何度もマネしましょう。

★[z] と [ʒ] の項でいちばん注意を要するのは、[ʒ] が日本語の「ジャ、ジュ、ジョ」とは違うことです。「ジャ、ジュ、ジョ」は発音記号では [dʒ] にあたり、舌先を上の歯茎につけて出す音。要するに [tʃ] の有声音です。これに対して、[ʒ] は [ʃ] の有声音なので、舌先は絶対に歯茎にはつきません。[dʒ] と [ʒ] の違いも聞いてみましょう。

● [dʒ]-[ʒ] change-vision 🎧 TRACK334

コツ教えます！

①の文の、people'sとlivesの語尾が [z] の音ですね。②の文では、advancesとspansの語尾が [z] の音です。increaseという動詞の語尾も [z] だと思っている人がいますが、にごらない [s] なので注意してください。反対の意味のdecreaseも同様です。

③の文には、Susan、always、knows、situationsと [z] の音が4回も出てきます。

④の文のoccasion、⑤の文のtelevisionに [ʒ] の音が含まれています。日本語式の「ジョン」にならないように注意してください。むしろ「ジュン」に近く、舌先を上の歯茎につけずに発音します。もっとも、[tʃ] と [ʒ] の違いは、ネイティブでもあいまいになる場合があります。108〜109ページに出てきたgarageという単語の語尾は [ʒ] なのですが、実際には [dʒ]（舌先を歯茎につける音）で発音する人もいるからです。これは元となっているフランス語の響きを尊重する人（[ʒ] 派）とそれを気にしない人（[dʒ] 派）で分かれるようです。

【10】[tʃ]と[dʒ]の音とメリハリ発音
(chat [tʃæt]の[tʃ]と jet [dʒet]の[dʒ])

耳慣らし・口慣らし練習

chat and **ch**eat and **ch**oose

jam and **j**eep and **j**ui**ce**

★ **Geor**ge **fe**lt the **wi**nd **ch**ange to the **ea**st.
ジョージは風が東風に変わるのを感じた。

---

① **Ch**ildren **mu**st be **e**ducated and **prai**sed.
子どもは教育を受け、なおかつほめられることが大事だ。

② Could **you** ex**ch**ange **sea**ts with **me**?
私と席を替わってくれませんか。

③ The **que**stion is **how Char**lie was **chea**ted by **Che**lsea.
不思議なのは、どうやってチャリーがチェルシーにだまされたかだ。

④ This **o**range **jui**ce is **chea**p at the **pri**ce.
このオレンジジュースは、この値段なら安い。

⑤ The ca**shi**er mis**ta**kenly **char**ged him **dou**ble.
レジ係は間違って、彼に代金を二重に請求してしまった。

ここがポイント！

日本語の「チャ、チ、チュ、チェ、チョ」に近い音ですが、唇を丸めて発音するところが違います。日本語では唇を横に開いたままで「チャ、チュ、チョ」と発音しますよね。[dʒ] については、前項で [ʒ] と比較して触れました。では、いつも通り、口慣らし練習から始めましょう。音声をよく聞いて何度もマネしましょう。[dʒ] は [tʃ] の有声音です。

★ちょっと不思議に感じますが、つづりの「j」も「ge」も [dʒ] で発音します。つまり、jeepもGeorgeも [dʒ] で発音するわけです。changeは [tʃ] と [dʒ] の両方を含む単語です。唇を丸めることをお忘れなく。

コツ教えます！

①のeducateという動詞ですが、これを「エデュケイト」と読む人が多くいます。アクセントの位置は語頭のeのところにあり、しかも多くのネイティブはduのところを「ヂュ」で読みます。したがって、「エヂュケイト」となるわけです。ただし、duを「デュ」と読む人もいるようです。

②のexchangeと⑤のchargedは [tʃ] と [dʒ] の両方の音を含んでいます。★のchangeもその仲間でしたね。

④orangeは小学校で習う単語ですが、発音は「オーリンジ」です。語尾の「ジ」のところは、[dʒ] と [ʒ] の両方とも言う人がいます。本来はつづりからして [dʒ] だと思うのですが、語尾で弱い音なので舌が怠けて [ʒ] ですます人が多いのではないでしょうか。それに比べると、knowledgeの語尾などは誰でも [dʒ] で発音するようです。ここらへん、微妙ですねえ。

⑤のcashierは日本では「キャッシャー」とカタカナ化されますが、英語の発音は「キャシャ」です。

【11】[ð]と[θ]の音とメリハリ発音

(this [ðis] の [ð] と three [θriː] の [θ])

耳慣らし・口慣らし練習

th**i**s and th**a**t and th**o**se

th**row** and th**rew** and th**row**n

★ The **girl** th**rew** the **ball** at the **wall**.
少女は壁に向かってボールを投げた。

① The **thri**ll was **tri**vial and **te**mporary.
スリルは取るに足らない一時的なものだった。

② These **sy**mptoms are a **threa**t.
これらの徴候があるのは脅威だ。

③ **The**ories are **u**seless without **pra**ctice.
実践を伴わない理論は役に立たない。

④ The **boy sa**nk his **tee**th into a **hu**ge **sa**ndwich.
少年は巨大なサンドイッチにかぶりついた。

⑤ The **tru**th is that we are **ri**sking our **hea**lth.
実のところ、われわれは健康を危険にさらしているということだ。

ここがポイント！

　[ð] と [Θ] は、よく「舌の先を上下の歯で噛みながら発音する」と説明され、一生懸命噛む人がいますが、上の歯に軽く当て、歯の隙間から空気を出せばOKです。このとき声を出さなければ無声音の [Θ]、声を出しながら空気を出せば有声音の [ð] になります。では、いつも通り、口慣らし練習から始めましょう。音声をよく聞いて何度もマネしましょう。

★[Θ] の音は、英語でも特殊な音らしく、the、this、that、they、there、thanなど、特別な働きの単語によく用いられます。これだけよく使われる単語ですから、いちいち舌を噛んでいたらスムーズに話せませんよね。弱化によって [Θ] の音が消えてしまう場合すらあります（49ページ参照）。

コツ教えます！

■ [Θ] の音は、「サ行」でカタカナ化されるので、英語の初心者はつづりを見てびっくりする場合が多々あります。①の「スリル」もその一例ですが、thrillは1音節語なので「Θリゥ」のように発音します。

②のthreatは発音を間違いやすい単語で、「Θリート」ではなく「Θレt」と発音します。この語も1音節です。

③のtheoriesもカタカナ式に「セオリーズ」では、まず通じません。[Θ] で始めて「スィーアリズ」のように発音するので、聞き取りにも注意が必要です。ここには出てきませんが、bathを日本式に「バス」と発音すると、take a bath が「バスに乗る」（take a bus）になってしまいます。もう少し例をあげると、「テーマ」はtheme。[Θ] で始めて「スィーム」のように発音します。また、スミスという名字はSmithとつづるので、これもうっかりすると間違いやすいですね。「sメΘ」と1音節で言います。

【12】[h] の音とメリハリ発音
(hat [hæt] の [h])

TRACK 351~358

耳慣らし・口慣らし練習

hat and head and heat

have and hide and hold

★ Harris had his house remodeled.
ハリスは家を改装してもらった。

---

① Henry's rude behavior drove her to anger.
ヘンリーの無礼なふるまいが彼女を怒らせた。

② They walked holding hands.
彼らは手をつないで歩いた。

③ This is how it happened.
それはこんなふうに起きたのです。

④ Hilda hammered a nail into the wall.
ヒルダは壁に釘を打ち込んだ。

⑤ In Hampshire, hurricanes hardly ever happen.
ハンプシャーではハリケーンはほとんど発生したことはない。

ここがポイント！

　[h] は発音の分類では「摩擦音」に入ります。摩擦音の仲間には、たとえば [f] や [v] があります。[f] や [v] は、上の歯と下唇の間から出る空気の摩擦音ですが、[h] は喉の奥から吐き出す空気が声帯をかするときに出る摩擦音です。ですから、この音の練習は、口先で「ハ」と言うのではなく、息を吐きながら、「ハー」と空気の摩擦音を出すといいでしょう。では、いつも通り、口慣らし練習から始めましょう。音声をよく聞いて何度もマネしましょう。

★この文ではがんばって [h] で始まる単語を4つ並べてみました。言葉では説明するのが難しいのですが、HarrisのHaは一瞬で発音する「ハ」ではなく、空気を出しながら（摩擦させながら）「ヘァー」と搾り出す音、と理解してください。口先ではなく、喉を通る空気を意識できれば、[h] の音が出せている証拠です。

コツ教えます！

③の文のhowも、口先の「ハウ」ではなく、気息の伴った「ハーォ」という感じで発音してみてください。

④の例文から、私は次のような名句を思い出しました。
● He that is good with a hammer tends to think everything is a nail. (ハンマーの使い方が上手な人は、あらゆるものを釘に見立ててしまうものだ)
　心理学者、アブラハム・マズローの有名な言葉です。

⑤のIn Hampshire, hurricanes hardly ever happen.は、映画『マイ・フェア・レディ』に出てくる英文を基に作らせていただきました。[h] の発音のできないイライザにヒギンズ教授がhだらけの例文を暗唱させる場面で出てくる英文です。映画通りだと、次のように、もっとhで始まる語が多くなります。
● In Hertford, Hereford, and Hampshire, hurricanes hardly ever happen.

【13】[j]と[w]の音とメリハリ発音
(year [jiər] の [j] と word [wə:rd] の [w])

耳慣らし・口慣らし練習

yard and **ye**ar and **ya**cht

wear and **wo**re and **wo**rn

★ We **pai**nt the **fe**nce **ye**llow **e**very **three** years.
私たちは3年ごとに塀を黄色に塗ります。

① A **ye**ar-end **par**ty was orga**ni**zed by them.
忘年会が彼らによって計画された。

② **Hi**gh **ri**sk in**ve**stments **yie**ld **hi**gh re**tur**ns.
高いリスクの投資をすれば高い利益が生じる。

③ **We**ndy's **drea**m is to **play** at **Wi**mbledon.
ウェンディの夢はウィンブルドンでプレーすることだ。

④ We **see** her **wa**lking to **wor**k **e**very **mor**ning.
私たちは彼女が毎朝歩いて出勤するところを見かける。

⑤ **Wi**llie **wo**ndered **whe**n he would be **e**ligible for pro**mo**tion.
ウィリーはいつ自分が昇進の資格を得るのだろうと思った。

ここがポイント！

　[j] はわかりにくい発音記号ですが、これでyearの頭の音を表します。われわれ日本人にはearとの差を聞き取るのは簡単ではありませんが、[j] は「舌を中ほどで上にふくらませて、口の上部との間で空気を無理やり通すときの音」なんです。舌の中央をふくらます感覚は、日本語の「ア」と「ヤ」を言い比べてみるとわかると思います。その違いが、earとyearの差に現れるのです。earは舌をこのように持ち上げたりしないので、もっと自然に音を出します。その微妙な差ゆえに、[j] は半母音とも呼ばれています。とにかく、ネイティブの発音を聞いてマネしてみましょう。

★[w] については、すぐ下で説明します。

コツ教えます！

■ [w] は唇を丸く突き出し、それをすばやく緩めながら発音します。たとえば③のWendyは、「ウェンディ」とカタカナ化されますが、「ゥウェンディ」に近く発音します。⑤のwhenは「ゥウェヌ」という感じです。

②のyieldの発音記号は [ji:ld] です。[ji] で始まっているので、[i] とは違うことが（記号上は）明らかです。しかし、その違いを発音するのは難しく、先ほど説明したように、「ア」と「ヤ」の舌の形の違いを意識するしかありません。

■ というわけで、日本人には非常に区別の難しい [j] と [i] の違いをよく聞き比べて、練習しましょう。🎧 TRACK367

● year [j] － ear [i]（年／耳）
　yearly [j] － earring [i]（年の／イアリング）
　yeast [j] － east [i]（イースト／東）
　yield [j] － eel [i]（生み出す／ウナギ）

【14】子音の結合 (語頭で)

耳慣らし・口慣らし練習

black and **bl**ock and **bl**anket

spring and **spr**ang and **spr**ung

★ **St**ars were **tw**inkling in the **sk**y.
空には星が輝いていた。

---

① That **st**ore **se**lls the **hi**ghest **gr**ade of **fr**uits.
あの店は最高級の果物を売っている。

② **Gr**ace **cr**awled under the **bl**anket.
グレースは毛布の中に潜り込んだ。

③ **Thr**ee **str**eams **fl**ow through the **fo**rest.
3本の小川が森の中を流れている。

④ The **bu**nch of **fl**owers **gr**adually **bl**oomed.
その花束は次第に咲き始めた。

⑤ **Br**enda **fl**atters **Fr**ed with **e**very **br**eath.
ブレンダは口を開くたびにフレッドにお世辞を言う。

ここがポイント！

テキスト・スクリプトを音読しながら、英語のリズムを身につけていきましょう。ところで、いま書いた「テキスト・スクリプト」という言葉、英語で発音すると何音節だと思いますか。驚くなかれ、2語合わせてたったの2音節なのです。text, scriptで2音節（日本語では9音節！）。このように、英語では、子音をいくら重ねても、発音の核となる母音がないと音節は形成できません。

★この文は、単語の頭の部分に2つの子音が重ねられている単語を3つ含んでいます。starsの [st-]、twinklingの [tw-]、skyの [sk-] を、日本語ふうに「スタ、トゥウィ、スカ」と2音節にならないように読みましょう。次の5文も、語頭で重ねられる子音を、一息に読んでください。storeは「ストア」ではなく「sトーァ」です。

コツ教えます！

③の、Three streams flow through the forest. という文が、文全体でたった7音節しかないことを確認してください。
Three/streams/flow/through/the/fo/rest. というわけです。最初の5単語は、すべて1音節なんですね。要するに、母音の数しか音節はないのです。これは、英語を読むときの「大々々々々原則」なのです。そして、どの母音を強く読み、どの母音を弱く読むかで、英語のリズムが生まれます。

③の文の読み方ですが、英文として読むときは、7拍ではありません。いま言ったように、すべての音節を強く発音するわけではないからです。実際は、Three/streams/flow/through the/forest. と5拍で発音されます。音声を聞いて、確認してください。5回手を打ちながら、それに合わせて発音してみるといいでしょう。

②のGrace、⑤のFredという人名も、1音節の言葉です。それぞれ race、red と同じリズムで一息に発音します。ちょっと練習してみましょう。 🎧 TRACK376
● race － Grace
　 red － Fred

【15】子音の結合 （語尾で）

耳慣らし・口慣らし練習

first and **la**st and **be**st

next and **te**xt and **co**ntext

★ This **se**ntence is out of **co**ntext.
この文は文脈を無視している。

---

① The **co**ntract **ru**ns out **ne**xt **mo**nth.
その契約は来月切れる。

② That **de**ntist is **o**pen **e**very **day** ex**ce**pt **We**dnesday.
あの歯医者は水曜日以外はやっている。

③ **Who know**s **mo**st, **spea**ks **lea**st.
最も知る者は、最も黙る。（ことわざ）

④ He is the **mo**st **ta**lented **flu**tist in this **di**strict.
彼はこの地域で最も才能に恵まれたフルート奏者だ。

⑤ You **mu**st **rea**d **si**x **boo**ks a **mo**nth at **lea**st.
君は少なくとも月に6冊は本を読まねばならない。

ここがポイント！

　子音を重ねても、核となる母音がないと音節を作れないことは、前項で学びましたが、単語のしっぽの部分でも同じです。たとえば、nextという単語の語尾の「クスト」は [kst] と子音だけなので、音節を作れません。したがって、nextは１音節語ということになります。文字で表すと、「ネkst」という感じです。次の文のcontextも同様です。

★contextの末尾の「クスト」の部分は、やはり母音がないので音節になりません。「クスト」の部分で、口の中の３カ所の部分を使いながらすばやく [k＋s＋t] と音を出していることを、確認してください。日本語にはない早業です。文字で表すと、「カンテkst」という感じです。次の５文も、語尾に重ねられる子音を一息で発音してください。

コツ教えます！

⑤の、You must read six books a month at least. が、文全体で９音節しかないことを確認してください。
You/must/read/six/books/a/month/at/least. というわけです。つまり、この文はすべて１音節の単語で成り立っているのですねえ。

⑤の文の読み方ですが、英文として読む時は、９拍ではありません。すべての音節を強く発音するわけではないからです。実際は、You must/read/six books/a month/at least. と５拍で発音されます。音声を聞いて、確認してください。音節と拍の違いに、意識を持ちましょう。

　ステイ先のホストファミリーに「何か仕事はしているの?」と聞かれ、「塾で働いています」と答えるつもりで、こう言った。

　I work at a clam school.

　へー、日本には「貝の学校」があるんだね。

　cram を clam と発音したことに、本人はまったく気づかなかった。

第 9 章

名句を 「メリハリ発音」で!

この章では、音より文の意味にフォーカスします。

ここで扱う例文は、単に発音の説明のために集めたものではなく、読むなり心に染み込んでくる内容のものを集めています。

思い返してみると、この本の最初のとっかかりも、Life is short and time is swift. という名句でした。

この章には、The **pur**pose of life is a life of **pur**pose.（人生の目的は、目的のある人生を送ることである）といった、非常に口調もよく、内容的にも含蓄のある言葉がたくさん登場します。

音読も、言葉の内容を目の前の相手に伝えるようなつもりで、心をこめて行ってください。

【1】ことわざで英語のリズムを楽しもう!①

🎧 TRACK 385~389

　ここまで、英語では強弱のリズムがいかに大事かという話をしてきました。英語のリズムと言えば、ことわざほど簡潔で口調のよいものはありません。この項では、とくに口調のよいことわざを5つ選び、強弱リズムが「意味」を演出していることを確認したいと思います。

---

① A **frie**nd to **e**verybody is a **frie**nd to **no**body.
みんなの友は、誰の友でもない。

② When **all** men **spea**k, **no** man **hear**s.
すべての人が話し出したら、聞く者がいなくなる。

③ It **ta**kes **two** to **ma**ke a **qua**rrel.
けんかは1人ではできない（2人必要）。

④ A **ma**n has **choi**ce to be**gi**n **lo**ve, but **no**t to **e**nd.
恋を始めるのは自由だが、自由に終わらせることはできない。

⑤ There are **pi**ctures in **po**ems and **po**ems in **pi**ctures.
詩の中には絵があり、絵の中には詩がある。

【2】ことわざで英語のリズムを楽しもう！②

英語の音の一部が、弱まったり、つながったり、消えたりするのは、強弱の「谷」の部分を作り、英語特有の「強弱リズム」を守るためでした。この項でも英語のことわざを5つ取り上げ、強弱リズムが「意味」を演出している様を観察します。前回よりも長めのことわざを選びました。

---

① **Al**l **thi**ngs are **di**fficult be**fore** they are **ea**sy.
たやすくできるようになるまでは、どんなことも難しい。

② **Ma**n **lear**ns **li**ttle from suc**ce**ss, but **mu**ch from **fai**lure.
成功から学ぶことは少ないが、失敗から学ぶことは多い。

③ A **ma**n will **ne**ver **cha**nge his **mi**nd if he has **no** mind to **cha**nge.
もしも考えを変える気がないなら、考えを変えることなどできはしない。

④ The **fu**ture be**lo**ngs to him **who** knows **how** to **wai**t.
待つことを知っている者に未来は味方する。

⑤ The **ri**ch man **pla**ns for to**mo**rrow, the **poor** man for to**day**.
金持ちは明日のために計画し、貧乏人は今日のために計画する。

【3】名句で英語のリズムを楽しもう！①

この本の趣旨は、「個々の発音ももちろん大事だが、それよりもっと大事なのが英語のリズムである！」という点にあります。ここでは、特に口調のよい英語の名文句を5つ取り上げ、強弱リズムが「意味」を演出していることを確認します。同じ単語をうまく使いまわすことで、口調のよさと意味の面白さを演出している点を、よく観察してください。ことわざより文は長めです。

---

① The **pur**pose of life is a **li**fe of **pur**pose. (Robert Byrne)
人生の目的は、目的のある人生を送ることである。

② We do **no**t stop **play**ing because we are **o**ld.
We **grow o**ld because we **sto**p **play**ing. (Helen Hayes)
年を取ったから遊ばなくなるのではありません。遊ばなくなるから年を取るのです。

③ Your **frie**nd is the **ma**n who **know**s **a**ll about you
and **sti**ll **li**kes you. (Elbert Hubbard)
友人とはあなたのすべてを知っていて、それでもあなたを好いてくれる人のことである。

④ A co**me**dian is **no**t a man who **say**s fu**nny thi**ngs.
A co**me**dian is one who **say**s **thi**ngs fu**nny**. (Ed Wynn)
コメディアンは滑稽なことを言う人ではない。物事を滑稽に言う人である。

⑤ An o**rig**inal **wri**ter is **no**t who **i**mitates **no**body, but
one whom **no**body can **i**mitate. (F. R. Chateaubriand)
独創的な作家とは誰の模倣もしない作家ではなく、誰も模倣できない作家である。

【4】名句で英語のリズムを楽しもう！②

🎧 TRACK 400~404

> ここでは、口調のよい名句をさらに5つ取り上げ、強弱リズムが「意味」を演出している様を味わいます。私には、最後の「大地は人間のものではない。人間こそ大地のものなのだ」は忘れられない名文句です。なお、Anonymousというのは「作者不詳」という意味です。

---

① **Fai**lure is **no**t **fa**lling down; it is re**mai**ning there when you have **fa**llen. (Anonymous)
失敗とはつまずくことではない。いつまでもつまずいたままでいることだ。

② **Ni**nety-**ni**ne per**ce**nt of suc**ce**ss is **bui**lt on **for**mer **fai**lure. (Charles F. Kettering)
成功の99パーセントは、以前の失敗の上に築かれる。

③ Suc**ce**ss is **ge**tting **what** you **wa**nt; **ha**ppiness is **wa**nting **what** you **ge**t. (Anonymous)
成功は欲しいものを手に入れること。幸福は手に入るものを欲しがること。

④ **Me**n have be**co**me the **too**ls of their **too**ls. (Henry David Thoreau)
人間は自ら作り出した道具の道具になってしまった。

⑤ The **ear**th does **no**t be**lo**ng to **me**n; **ma**n be**lo**ngs to the **ear**th. (Chief Seattle)
大地は人間たちのものではない。人間こそ大地のものなのだ。

【5】名スピーチで英語のリズムを楽しもう!

🎧 **TRACK 405~407**

　名句で音読練習していただいたあとは、本物のスピーチで英語のリズムを味わってみましょう。テキストに選んだのは、20世紀になされた演説の中で最も有名な、マーティン・ルーサー・キング牧師の"I Have a Dream"スピーチです。ここでは、とくに口調のよい3つのパッセージを選びました。I have a dream that...で始まる文が何度も繰り返されることで、ダイナミックな効果を出しています。

---

① I **ha**ve a **drea**m that **o**ne **d**ay this **na**tion will **ri**se **up** and **li**ve **ou**t the **true mea**ning of its **cree**d:"We **ho**ld these **tru**ths to be **se**lf-**e**vident: that **a**ll **me**n are **crea**ted **e**qual."

私には夢がある。将来、この国が立ち上がり、「すべての人間は平等である」というこの国の信条を体現し、実践する日が来ることを。

② I **ha**ve a **drea**m that **o**ne **d**ay on the **re**d **hi**lls of **Geor**gia, the **so**ns of **for**mer **sla**ves and the **so**ns of **for**mer **sla**veowners will be **a**ble to **si**t **dow**n to**ge**ther at the **ta**ble of **bro**therhood.

私には夢がある。いつの日か、ジョージアの赤土の丘の上で、元奴隷の息子と元奴隷主の息子が、共に兄弟のテーブルにつける日が来ることを。

③ I **ha**ve a **drea**m that my **four li**ttle **chi**ldren will **o**ne **day li**ve in a **na**tion where they will **no**t be **ju**dged by the **co**lor of their **ski**n, but the **co**ntent of their **cha**racter.

私には夢がある。いつの日か、私の4人の小さな子どもたちが、肌の色ではなく、その人間性によって判断される国に住む日が来ることを。

第10章

エッセイを「メリハリ発音」で！

いよいよこの本も最後の章にやってきました。

ここまでの章では、単文で「メリハリ音読」を実行してきましたが、この最後の章では、単文ではなく、ある程度まとまりのあるショートエッセイを5つ「メリハリ音読」します。

①**趣味について**、②**サッカーチーム**、③**写真は芸術です！**、④**旅の効用**、⑤**若者の日**、の5つです。

これらの英文は、親友のイギリス人作家、クリストファー・ベルトンさんが書きおろしてくれたものです。腕利きの作家が書いた名エッセイを味わうことで、この本を閉じることにしましょう。何度も音読して、英語発音の醍醐味を心ゆくまでお楽しみください。この章が「メリハリ道」の到達点です。

【1】エッセイ① 趣味について

I don't have any hobbies.

The only things I really enjoy are shopping and watching the television.

I told my American friend that shopping and TV are my hobbies.

She laughed and told me that I don't understand the meaning of the word "hobby."

Maybe she is right.

I cannot think of any activity that would suit me.

I like swimming, but only in the sea.

I hate swimming pools.

I therefore only swim in the summer.

Can I say that swimming is my hobby?

No, I don't think so.

A **ho**bby is an ac**ti**vity that is **ca**rried out **re**gularly.

What do I **do re**gularly?

I **go sho**pping and **wa**tch **te**levision.

【全文訳】

　私には趣味がありません。

　本当に楽しいのは、買い物とテレビを見ることだけです。私はアメリカ人の友人に、買い物とテレビが趣味だと言いました。彼女は笑って、「趣味」という言葉の意味がわかっていないのね、と言いました。彼女が正しいのかもしれません。

　私は自分に向いた活動というものを思いつくことができません。私は水泳が好きです。でも、海で泳ぐ場合だけです。プールは嫌いです。だから、夏にしか泳ぎません。私は水泳が趣味と言えるでしょうか。言えないと思います。

　趣味というものは、定期的にやる活動のことです。私が定期的にしているものは何でしょう？　それは、買い物に出かけたり、テレビを見ることなのです。

ここがポイント！

　ここでは、とくに母音の発音を丁寧に復習してください。速く発音する必要はありません。遠くまで声が届くように、深いところ（口先ではなく喉、あるいは腹の底）からしっかりした声で発音することが大切です。1文ずつの練習が終わったら、もう一度全体を通して何度も音読しましょう。

　「メリハリ発音」は、内容語を強く読むことからリズムが生まれると書いてきましたが、そもそも声に張りがなく、おなかの底から出た声でないと、相手へのインパクトは半減してしまいます。

　まず何を伝えたいかに意識を集中し、次にそれを相手に伝える気持ちをこめて音読しましょう。音読は自己完結の世界から飛び出すためのステップボードなのです。

　ここでひとつ、音読のやり方の大事なアドバイスをします。

　テキストを見て、ただ読み上げるのではなく、<u>この本に向けて（この本に語りかけるつもりで）音読してみてください。</u>この本を話し相手だと思って。それだけで、あなたの音読は根本から変わります。

　「読み上げる音読」から**「語りかける音読」**に劇的に変わるのです。

コツ教えます！

(1) hobbyという言葉の意味をめぐって、スピーカーの気持ちが揺れ動く全体の流れを、音から聞き取るようにしてください。英語のhobbyという言葉は、仕事以外の時間の大部分を注ぎ込むような個人的な楽しみごとを意味するので、アメリカ人が聞くと、「テレビが趣味」という言葉には非常に抵抗を感じる、というわけなのです。

　ここらへん、日本人の常識とはだいぶ違うことを理解しましょう。

(2) このエッセイでは、偶然にも hobby, shopping, watching という3つのキーワードがすべて同じ母音（[ɑ]）を含んでいます。

(3) regularlyは [r] と [l] という発音の難しい２つの子音から成る単語です。よく聞いて、マネしてください。

(4) What do I do regularly（↘）？　のように疑問詞で始まる疑問文は、文末が下降調（尻下がり）になります（69ページ参照）。文頭に疑問詞があることで、疑問文であることのシグナルになっているからです。

　これに対し、Can I say that swimming is my hobby（↗）？　のように疑問詞を伴わない疑問文は、文末が上昇調（尻上がり）になります。

(5) Can I say that swimming is my hobby?では、代名詞の I が太字になっています。強く読んで強調するというより、文のリズムを作るために、高めに音を上げて読むといいと思います。I を強調することは、普通はありません。

【通常表記】
I don't have any hobbies.
The only things I really enjoy are shopping and watching the television.
I told my American friend that shopping and TV are my hobbies.
She laughed and told me that I don't understand the meaning of the word "hobby."
Maybe she is right.
I cannot think of any activity that would suit me.
I like swimming, but only in the sea.
I hate swimming pools.
I therefore only swim in the summer.
Can I say that swimming is my hobby?
No, I don't think so.
A hobby is an activity that is carried out regularly.
What do I do regularly?
I go shopping and watch television.

TRACK409

I **play so**ccer for a **lo**cal **tea**m.

We **pra**ctice **three ni**ghts **e**very **wee**k.

We **so**metimes **play ma**tches against **o**ther **tea**ms on **Sa**turdays and **Su**ndays.

I **u**sed to be a de**fe**nder, but **now** I am a **for**ward.

The **coa**ch **say**s that we should **gai**n ex**pe**rience in **e**very po**si**tion.

I pre**fer** being a **for**ward.

I **lo**ve the ex**ci**tement of **scor**ing **goa**ls.

The **coa**ch **tau**ght me to **pa**ss the **ba**ll to the **goa**l, in**stea**d of **shoo**ting at the **goa**l.

This ad**vi**ce has **he**lped me a **lo**t.

I am **now** the **tea**m's **top scor**er.

I **ho**pe to be**co**me a pro**fe**ssional **so**ccer **play**er in the **fu**ture.

Un**for**tunately, my **pa**rents **wa**nt me to be**co**me a **do**ctor.

【全文訳】

　私は地元のチームでサッカーをしています。私たちは週3日、夜間に練習をします。土曜日や日曜日には、時々他のチームと試合をします。

　以前はディフェンダーをしていましたが、今はフォワードをしています。監督はあらゆるポジションで経験を積むべきだと言います。私はフォワードをする方が好きです。得点したときの興奮が大好きなのです。

　監督は私に、ゴールを狙ってシュートするというより、ゴールに向かってボールをパスするつもりでやれと教えてくれました。このアドバイスはとても役に立っています。私は今や得点数ではチームのトップです。

　私は将来プロのサッカー選手になりたいと思っています。あいにく両親は、私が医者になることを望んでいます。

ここがポイント！

　今回も、1文ずつ音声を聞いて、音読しましょう。そのあと、何度も全体を音読して、話の流れを体でつかむようにしてください。

　エッセイの内容は、サッカー少年の日常ですが、このスピーカーは、将来プロの選手になる夢を抱いているようです。

　ゴールを決めるときは力むことなく、確実にゴール内にパスするつもりで、というのは極上のアドバイスですよね。よく力み過ぎて、目の前のゴールも外すプレイヤーがいます。

　前回のアドバイス、覚えていますか？
　ただ、読み上げるだけの音読ではなく、「**語りかける音読**」を是非試してくださいね。

コツ教えます！

(1) 何度も出てくる母音に注目しましょう。[ʌ] は、sometimes、other、Sundays、love、become などの単語に含まれています。「ア」と「ウ」の中間の音で、私は「なげやりなア」と名づけました。

(2) 二重母音の [ou] は、local、coach、goal、hope などの単語に含まれています。「ローカル」「コーチ」などの日本語に惑わされないように注意してください。local は「ロウカゥ」または「ロウコー」のように発音します。

(3) score という言葉は、「スコァr」のように発音します。「コ」は「コ」と「カ」の中間の音 [kɔ] です。最後の「r」は、舌を奥歯に付けるようにすると、うまく発音できるのでしたね。scoring はこの「r」にing が付加されます。また、scorer は「r」のあとに [ər] が付加されます。

(4) unfortunately の2番目の「t」は59ページで扱った「飲み込む音」です。「アンフォーチュニ ンリ」のように飲み込んでしまいます。

【通常表記】

I play soccer for a local team.

We practice three nights every week.

We sometimes play matches against other teams on Saturdays and Sundays.

I used to be a defender, but now I am a forward.

The coach says that we should gain experience in every position.

I prefer being a forward.

I love the excitement of scoring goals.

The coach taught me to pass the ball to the goal, instead of shooting at the goal.

This advice has helped me a lot.

I am now the team's top scorer.

I hope to become a professional soccer player in the future.

Unfortunately, my parents want me to become a doctor.

【3】エッセイ③ 写真は芸術です！

I be**lie**ve pho**to**graphy to be a **real ar**t.

Some people disa**gree**.

They **think ta**king a **pho**tograph is **si**mply a **ma**tter of **pre**ssing a **bu**tton.

They are **wro**ng.

A pho**to**grapher **mu**st have a **dee**p ar**ti**stic **se**nse.

He **mu**st com**po**se the re**su**lt him**se**lf.

He **mu**st con**si**der **li**ghtness and **dar**kness.

He must **loo**k **care**fully for **sha**dows and er**ra**se them or **u**se them.

A **goo**d **pho**tograph is as **di**fficult to cre**ate** as an **oi**l **pai**nting.

That is **why** there are **few** e**x**cellent pho**to**graphers.

I **ho**pe **o**ne **day** to be con**si**dered e**x**cellent.

【全文訳】

　私は、写真は真の芸術だと信じています。それに異議を唱える人たちもいます。その人たちは写真を撮るということは、単にシャッターを押すことだと思っているのです。

　彼らは間違っています。写真家は深い芸術的な感覚を持っていなければなりません。彼は、撮影の結果をあらかじめ自分で構成しなくてはなりません。明暗を考慮しなくてはなりません。注意深く影の部分を探し出し、それらを消したり生かしたりしなくてはなりません。良い写真は、油絵と同様に創造するのが難しいのです。

　と言うわけで、すぐれた写真家はほんのわずかしかいません。私はいつの日かすばらしい写真家とみなされるようになりたいと願っています。

ここがポイント！

　今回のテーマは写真です。写真をめぐって、photographyとphotographという、よく似た２つの単語が出てきますが、発音も意味も差があります。まずは発音の差を聞き分け、あとで意味の違いについての解説を読んでください。

　昨今は写真もすっかりデジタル化が進み、昔ながらの一眼レフを使う人は激減していると思います。

　でも、どんな対象を、どんなタイミングで、何に焦点を合わせて撮るかは、写真の永遠の課題でしょう。そこに芸術性を見出すのは自然なことだと思います。デジタル化が芸術性を失わせることにはならないと思います。

　<u>本に向けて語りかける音読</u>、身についてきましたか？

　なぜこれを強く勧めるのかというと、実際の会話で相手に語りかける話し方ができるようになるからなんです。逆に言うと、日本人の多くは、ただ読み上げるような話し方で会話をしています。これでは気持ちが伝わらなくて当然です。

コツ教えます！

(1) このスピーチには、photography、photographer、photographという、よく似た３つの単語が出てきます。発音の仕方が微妙に違うので注意が必要です。

　まず、このスピーチのテーマであるphotógraphyは「写真を撮ること、写真技術」という意味の単語で、真ん中のtoのところにアクセントがあり、その発音は [ɑː] です。

　「写真家」のphotógrapherもやはりtoのところにアクセントがあり、その発音はやはり [ɑː]。

　ところが、これらの単語の基になっている、phótograph「写真」は頭のphoのところにアクセントがあり、発音は [fou] です。音声をよく聞いて、３つの単語の発音を聞き分けてください。

(2) buttonに「飲み込まれる t」が含まれています。発音は「バッン」のようになります。

172

(3) That is why there are few excellent photographers.のfewが強く読まれるのは、この単語が「準・強調語」だからです。fewは「ほとんどない」。「まったくない」のnoには負けますが、それでも相当な強調がかかった単語なのです。日本語の「めったにない」と似たニュアンスの言葉です。

【通常表記】
I believe photography to be a real art.
Some people disagree.
They think taking a photograph is simply a matter of pressing a button.
They are wrong.
A photographer must have a deep artistic sense.
He must compose the result himself.
He must consider lightness and darkness.
He must look carefully for shadows and erase them or use them.
A good photograph is as difficult to create as an oil painting.
That is why there are few excellent photographers.
I hope one day to be considered excellent.

【4】エッセイ④　旅の効用

Travel **broa**dens the **mi**nd.

One of my **hi**gh **schoo**l **tea**chers **to**ld me that a **mo**nth in **Pa**ris is **be**tter than a **year** of **stu**dying **Fre**nch.

I **vi**sited **Pa**ris for **two wee**ks after I **gra**duated from uni**ver**sity.

My **tea**cher was **ri**ght.

It was a **shor**t **tri**p, but I **lear**nt a **lo**t.

I **fe**ll in **lo**ve with **Fre**nch **cu**lture.

I **vi**sited **ma**ny mu**se**ums and **ar**t **ga**lleries.

I **a**te de**li**cious **foo**d in **sma**ll **re**staurants.

I **we**nt sh**o**pping along the his**to**ric **stree**ts.

I **e**ven **lear**nt **how** to **spea**k a little **Fre**nch.

I **now** be**lie**ve that **tra**vel is the **be**st **tea**cher.

174

【全文訳】

　旅は心を広くします。私の高校の先生の１人が、パリで１カ月過ごすほうが、フランス語を１年間勉強することより効果的だと言いました。

　私は大学を卒業した後、２週間パリを訪れました。先生の言ったことは本当でした。短い旅でしたが、多くを学びました。私はフランス文化がとても好きになりました。

　私はたくさんの美術館や画廊を訪れました。小さなレストランで、おいしい食事をしました。歴史上有名な通りで買い物をしました。フランス語を少しだけ話せるようにもなりました。

　私は、今では旅は最高の教師であると信じています。

今回のスピーチのテーマは、旅についてです。スピーカーはフランスに2週間旅をして得たものについて熱弁をふるっています。

「パリで1カ月過ごすほうが、フランス語を1年間勉強することより効果的」という言葉が出てきますが、たった3日でも「滞在すること」には言い知れぬ重みがあるように思います。私はパリに3日、ディジョンに2日滞在したことがありますが、町の雰囲気がまったく違うので、2つの都市を訪れてよかったな、とつくづく思いました。

「**語りかける音読**」、もうすっかり身についたと思います。

今度はその上級編として、「何かに向けて話しかける」を試してくださいね。ぬいぐるみがあれば最適です。ぬいぐるみのくまちゃんに向けて、心をこめて話しかけるのです！

コツ教えます！

(1) このスピーチには、日本人が苦手とする [r] と [l] の音がふんだんに出てきます。まず、語頭の [r] は、right、restaurants。ほかの子音と結合している例は、travel、broadens、French、graduated、streets。さらに、語尾の [r] は、culture、teacher などです。

(2) 次に語頭の [l] は、learnt、lot、love、little。語尾の [l] は、travel、school、small などです。「スクール」「スモール」ではなく、「**スクーゥ**」「**スモーゥ**」のように発音します。つまり、語頭の [l] のように舌先を歯茎まで伸ばさず、途中で引き返す感じです。そのために [l] の音がはっきり出ません。人によっては、「**スクーォ**」「**スモーォ**」のように発音する場合もあります。table を「テイボー」と発音するのも、同じ現象です。ただし、イギリスでは、律儀に「テイブル」と発音する人もたくさんいます。概して、イギリス英語のほうが「カタカナ英語」に近いといえるでしょう。

(3) museum という単語は、「ミュージアム」ではなく「ミューズィアム」とア

クセントの位置がカタカナ語とは違います。これは第5章の「カタカナ語の落とし穴」のところで扱いましたね。

【通常表記】
Travel broadens the mind.
One of my high school teachers told me that a month in Paris is better than a year of studying French.
I visited Paris for two weeks after I graduated from university.
My teacher was right.
It was a short trip, but I learnt a lot.
I fell in love with French culture.
I visited many museums and art galleries.
I ate delicious food in small restaurants.
I went shopping along the historic streets.
I even learnt how to speak a little French.
I now believe that travel is the best teacher.

Why is there **no** "**day**" for un**ma**rried **you**ng **peo**ple?

We **ha**ve a **Chi**ldren's **Day**, a **Mo**ther's **Day**, a **Fa**ther's **Day**, and **e**ven a Re**spe**ct for the **A**ged **Day**.

But **no Si**ngle-**Per**son-in-their-**Twe**nties **Day**.

I **thi**nk the **go**vernment should es**ta**blish **su**ch a **day** as a **na**tional **ho**liday.

It could be **se**t in a **mo**nth with **no o**ther **ho**lidays, like **Ju**ne or De**ce**mber.

If **all si**ngle **peo**ple in their **twe**nties were **gi**ven **gi**fts on this **day**, it would **sti**mulate the e**co**nomy.

I **do**n't know **why no**body has **thou**ght of this be**fore**.

Youth **ho**lds the **key** to **e**nding the re**ce**ssion.

【全文訳】

　どうして未婚の若い人々のための「(特別な)日」がないのでしょうか。

　子どもの日、母の日、父の日、そして敬老の日もあります。でも20歳代の独身者の日はありません。私は、政府が国民の祝日としてそのような日を制定すべきだと思います。他に祝日のない月に定めることができるはずです。例えば、6月や12月のように。

　もし、すべての20歳代の独身者がこの日に贈り物をもらえば、経済を刺激するでしょう。なぜ、今まで誰もこのことを思いつかなかったのか私にはわかりません。

　若者が不景気を終わりにする鍵を握っているのです。

　５つのエッセイの最後は、「若者の日」の制定を訴えています。あまり現実的な訴えとは思えないので、エッセイ全体がジョークのつもりかもしれません。冒頭のつかみとして、「若者の日がないのはなぜなのでしょう？」と疑問文から始めています。どの程度説得力があるか、音声で聞いてみましょう。

　そういえば、「中年の日」もありませんよね。まあ、誰も中年であることに誇りを持ってはいないように見えますが。

　「**語りかける音読**」をマスターしたら、本当にこの本は卒業です。あなたは素晴らしい宝物を手に入れました！

　もう二度と、あなたと話す外国人に、「日本人の英会話は心がこもっていないから嫌だ！」なんて言わせないですみますね。

　べらぼうにブラボー！

コツ教えます！

(1) いくつかのものを列記するときは、a Children's Day（↗）, a Mother's Day（↗）, a Father's Day（↗）, and even ... のように、１つ１つ語尾を尻上がりに読んで、まだ続きがあることを相手に知らせます。これもイントネーションの大事なルールのひとつです。

(2) 冒頭の、Why is there no dayのno、３文目のBut no Single-Person-in-their-Twenties Day...のno、５文目のIt could be set in a month with no other holidaysのno、最後から２文目のI don't know why nobody has...のnobodyが、強調された否定語として強く読まれていることを確認してください。

(3) 否定語ではありませんが、If all single people in their twenties were given gifts on this day... のallも、「すべての、全員の」と強調のかかった語です。エッセイでは、人に訴えるためのレトリックとして使っている単語に注目し、これを強く、長く、高く音読する必要があります。

【通常表記】

Why is there no "day" for unmarried young people?

We have a Children's Day, a Mother's Day, a Father's Day, and even a Respect for the Aged Day.

But no Single-Person-in-their-Twenties Day.

I think the government should establish such a day as a national holiday.

It could be set in a month with no other holidays, like June or December.

If all single people in their twenties were given gifts on this day, it would stimulate the economy.

I don't know why nobody has thought of this before.

Youth holds the key to ending the recession.

　ある日本人旅行者がホテルの部屋に入ってみると、エアコンが付かない。

　さっそくフロントに電話して、苦情を言うことにした。

　The air conditioner isn't working. と言おうと思ったが、ついローマ字発音のクセが出て、ウォーキングと言ってしまった。

　「エアコンが歩きません！」という苦情は、このホテルでは初めてだった。

おわりに　さあ、これからどうします？

あるエピソード

発音に関して忘れられない話があります。

かつて日本一イギリス発音がうまいと評判の大学教授がいました。

私も大学生の頃、テレビで彼の発音を聞いて、「なんて滑舌のいい人なんだろう！」と感心した覚えがあります。

ところが、あるイギリス人が、こんなことを言ったという話を耳にしたのです。

「たしかに彼の発音は素晴らしいが、ちょっと人工的な感じがする。イギリスではあんなふうに英語を話す人はいない！」と。

つまり、ネイティブ英語を極めたと思ったら、ネイティブが話さない（ちょっとわざとらしい）英語を身につけていた、というわけです。

これを聞いて、私はとても複雑な気持ちになりました。

一生をかけて日本一の発音を身につけた彼の人生は、一体何だったんだろう、と。

本書の中でも言いましたが、私は「**英語は発音よりリズム！**」という考えでこの本を書きました。

ところで、本というのは、読んで1週間もすれば95％忘れるものです。

ですので、ここで手短に本書のおさらいをしておきたいと思います。

せっかく読んだのだし、声に出して練習もしていただいたので、次の6項目は忘れずに覚えておいてほしいのです。

本書のおさらい

1．英語の発音は一瞬でよくなる。そして、二度ともとに戻らなくできる！

2．英語の本質は「メリハリ」にある。内容語を浮き立たせ、それ以外を沈ませ

ることにより、英語独特の「強弱リズム」が生まれる。

3. 英語の音のさまざまな変化は、内容語を浮き立たせたい一心で起きる（特にアメリカ英語）。

4. 細かい「母音・子音」の発音技術より、リズムの方がはるかに大事。

5. 文は頭ではなく心から出てくる。口先ではなく腹から声を出そう！

6. 音読には2種類ある。まずはゆっくり「話すための音読」。それができるようになったら、次第にスピードを上げて「聞くための音読」に習熟しよう！

　本書の最初に、日本人の英語に対するあこがれは、次の3つに絞ることができると書きました。

①ネイティブっぽい発音

②字幕なしで映画を見たい！

③ペラペラ英会話

　「②と③の目的を達するためには、まず①をマスターする必要がある！」ということも明らかにしました。

　この本を読み、音読練習を積むことにより、「**リスニングとスピーキングの扉**」が開きます。

　言い方を変えると、いきなりリスニングやスピーキングの腕を上げようと思っても無理があるということですね。

　「ものには順序がある！」といういい例です。

さあ、これからどうしましょう？

　この本で「メリハリ発音」を身につけた読者に、お勧めしたい本があります。

　それは、2023年12月に刊行した次の本です。

『たった100単語の英会話・新装版』（青春出版社）

　この本をお勧めする理由は2つあります。

　まず、これによって③のペラペラ英会話への道が開けること。

　もう1つの理由は、この本の例文もすべて「**メリハリ表示**」で印刷されていることです。

　ですので、本書で強弱リズムが身についた読者には、ぜひ上記の本に進んでほしいと思います。

　これは宣伝ではありません。

　ここまでのせっかくの努力を無駄にしてほしくないのです。

　本書を書くにあたって、次のおふたりから温かい応援をいただきました。

　1人は『大人のフォニックス』の著者の重森ちぐささん。

　もう1人は『ニューヨーク発 最強英語発音メソッド 日本人のカタカナ英語を克服する 英語発音"2週間"マスタープログラム』の著者のモリヤマハルカさんです。

　おふたりの友情に心より感謝いたします。

　また、本書の編集を担当してくれたUさんは、25年前に研究社に勤めておられた時からのお付き合いです。本書は四半世紀に及ぶ彼女との信頼と友情から生まれました。

　最後に、私の言葉に耳を傾け、たくさんの「リズム練習」を実行してくださった読者の皆さん、ここまで付いてきてくれて本当にありがとうございます。

　どんどん「メリハリ発音」に上達し、英語への距離感がなくなっていくことを実感されたと思います。

　願わくは、皆さんが②と③の目的も達成し、もっともっと輝く人生を楽しめるようになれるよう、心よりお祈りしています。

　私は今後も、画期的な英語学習法の本を出し続けていくつもりです。

　またいつの日か、お会いしましょう。

　その日は案外近いような気がします。

2024年2月

晴山陽一

晴山 陽一（はれやまよういち）

1950年東京都出身。早稲田大学文学部哲学科卒業後、出版社に入り、英語教材の編集、経済雑誌の創刊、書籍刊行、ソフト開発などに従事。1997年に独立。日本の英語教育改革に尽力し、精力的に執筆を続け、著書は150冊を超えている。『英単語速習術』（ちくま新書）、『たった100単語の英会話』シリーズ（青春出版社）、『すごい言葉』（文春新書）などの著書がある。株式会社晴山書店代表取締役。

これで通じる！最速最短でネイティブ発音になれる本

2024年3月26日　第1刷発行

著　　　晴山陽一
発行者　清田則子
発行所　株式会社講談社
　　　　〒112-8001　東京都文京区音羽2-12-21
　　　　販売☎03-5395-3606　業務☎03-5395-3615
編　集　株式会社講談社エディトリアル
　　　　代表　堺 公江
　　　　〒112-0013 東京都文京区音羽1-17-18 護国寺SIAビル6F
　　　　☎03-5319-2171
印刷所　大日本印刷株式会社
製本所　株式会社国宝社

KODANSHA

＊定価はカバーに表示してあります。
＊本書のコピー、スキャン、デジタル化などの無断複製は著作権法上での例外を除き禁じられています。
　本書を代行業者などの第三者に依頼してスキャンやデジタル化することは、たとえ個人や家庭内での利用でも著作権法違反です。
＊音声・動画サービスは、予告なく終了させていただく場合があります。あらかじめご了承ください。
＊QRコードは（株）デンソーウェーブの登録商標です。
＊落丁本・乱丁本は、購入書店を明記の上、講談社業務部宛にお送りください。送料小社負担にてお取り替えいたします。
＊この本の内容についてのお問い合わせは、講談社エディトリアルまでお願いいたします。

STAFF LIST

英文作成
Christopher Belton

装幀
下山隆（Red Rooster）

デザイン
朝日メディアインターナショナル株式会社

イラスト
Yuca Holloway

音声録音・編集
ELEC

ナレーション
Howard Colefield,
Jennifer Okano

校正
渾天堂